Karsten Schmidt

Das HGB und die Gegenwartsaufgaben des Handelsrechts

Schriftenreihe
der Juristischen Gesellschaft e.V.
Berlin

Heft 75

W
DE
G

1983
Walter de Gruyter · Berlin · New York

Das HGB und die Gegenwartsaufgaben des Handelsrechts

Die Handelsrechtskodifikation im Lichte der Praxis

Von
Karsten Schmidt

Vortrag
gehalten vor der
Berliner Juristischen Gesellschaft
am 9. Juni 1982
– Erweiterte Fassung –

W
DE
G

1983

Walter de Gruyter · Berlin · New York

Dr. jur. Karsten Schmidt
Professor für Bürgerliches Recht, Handels- und Schiffahrtsrecht
an der Universität Hamburg

CIP-Kurztitelaufnahme der Deutschen Bibliothek

Schmidt, Karsten:
Das HGB und die Gegenwartsaufgaben des Handelsrechts :
d. Handelsrechtskodifikation im Lichte d. Praxis ;
Vortrag gehalten vor d. Berliner Jur. Ges. am
9. Juni 1982 – erw. Fassung / von Karsten Schmidt. –
Berlin ; New York : de Gruyter, 1983.
(Schriftenreihe der Juristischen Gesellschaft e. V.
Berlin ; H. 75)
ISBN 3-11-009642-0

NE: Juristische Gesellschaft ‹Berlin, West›:
Schriftenreihe der Juristischen ...

*Inhaltsübersicht**

* Der am 9. Juni 1982 gehaltene Vortrag war eine gekürzte Fassung dieses Beitrags; bei der Fertigstellung für den Druck half mir Herr Wiss. Mitarb. Conrad König.

I. Einführung

Kodifiziertes Handelsrecht – lebendig oder tot? Auch so könnte das Thema der folgenden Überlegungen benannt werden. Nicht Handelsrecht als Rechtsdisziplin wird im Mittelpunkt stehen, sondern es geht um den Geltungsanspruch des Handelsgesetzbuchs vor den Gegenwartsaufgaben des Rechts. Wenn damit ein Gesetz in Frage gestellt wird, mit dem im juristischen Alltag ständig gearbeitet wird, so verwundert dies nur auf den ersten Blick. Immer wieder finden sich zwar in der Handelsrechtsliteratur selbstsichere Ausführungen über das „Kaufmannsrecht"[1], die als Zeichen unreflektierten Selbstverständnisses, aber auch als beschwichtigende Apologien begriffen werden können, so etwa wenn uns ein 1980 erschienener Kommentar[2] belehrt: „Der Kaufmann produziert, sammelt und verteilt Waren und erbringt Dienstleistungen verschiedenster Art. Er leitet den Warenlauf dorthin, wo Mangel herrscht und erschließt, bzw. schafft neue Märkte. Kaum ein Berufsstand hat so mannigfaltige Aufgaben zu lösen wie der Handelsstand... Der dem Wirtschaftsleben innewohnenden Dynamik verdankt das Handelsrecht lebensnahe Einrichtungen..." Die naive Anschaulichkeit einer solchen Charakterisierung – dem Zitat könnten mühelos weitere hinzugefügt werden — ist charakteristisch für jenen Strang der Handelsrechtsliteratur, der dieses Rechtsgebiet in den Ruf hoffnungsloser Geistlosigkeit gebracht hat. Charakteristisch für das Handelsrecht als Rechtsdisziplin ist sie nicht.

Die Handelsrechtswissenschaft ist sich der Fragwürdigkeit ihres Gegenstandes und des Handelsgesetzbuchs durchaus bewußt[3]. Mit aller Deutlichkeit wurde dies in jüngster Zeit durch *Müller-Freienfels'* Beitrag über und wider die „Selbständigkeit" des Handelsrechts in Erinnerung

---

[1] Charakteristisch *Müller-Erzbach,* Deutsches Handelsrecht, 2./3. Aufl. 1928, S. 52; Spiegelbild dieser tradierten Auffassung sind naturgemäß vor allem die referierenden Grundrisse; vgl. etwa *Brox,* Handelsrecht und Wertpapierrecht, 2. Aufl. 1981, Rdn. 1; *Hofmann,* Handelsrecht, 3. Aufl. 1979, S. 19; gegen diese schlagworthaften Beschreibungen richtet sich die Polemik des Textes nicht.

[2] *Bandasch,* HGB, 3. Aufl. 1980, Einl Rdn. 1 f.

[3] Man vergleiche vorerst nur die problemorientierte Behandlung des Themas bei *Gierke-Sandrock,* Handelsrecht, Bd. I, 9. Aufl. 1975, S. 5 ff.

gerufen⁴, der stellvertretend für eine auf Jahrzehnte verteilte Reihe kritischer Stimmen genannt sei. *Müller-Freienfels* leugnet sowohl die „äußere", kodifikatorische Selbständigkeit des Handelsrechts⁵ als auch seine „innere", materiale Selbständigkeit⁶. Er sieht in allen Beschränkungen auf das „eigentliche" Handelsrecht nichts als rein zeitbedingte Erscheinungen⁷ und betrachtet eine Zusammenlegung des kodifizierten Handelsrechts mit dem besonderen Schuldrecht als die nach der „Natur der Sache" richtige und zeitgemäße Lösung⁸. Diese kritische Stellungnahme hat einen Strang wissenschaftlicher Handelsrechtskritik fortgesetzt, der so alt ist wie die handelsrechtliche Kodifikationsarbeit selbst. Nicht von ungefähr formulierte schon die Hamburger Kommission für die Einführung des ADHGB folgende, von ihr freilich nicht als durchschlagend angesehene Bedenken⁹: „Das Handelsrecht, so wird ein ... Gegner sagen, ist nicht ein abgesonderter Theil des bürgerlichen Rechts, sondern enthält im Wesentlichen nur Anwendung des Obligationenrechts, also der rechtlichen Beziehungen, in denen mit öconomischen Werthen operirt (und) gerechnet wird und bei denen die einzelnen Individuen rein in ihrer Qualität von Vermögenssubjecten in Betracht kommen." Der Standort des Handelsrechts im Privatrechtssystem ist eine Zweifelsfrage mit Tradition. Doch nicht nur in rechtssystematischer, auch in rechtspolitischer und – wenn man so will – in wissenschaftstheoretischer Hinsicht ist das Handelsrecht ins Gerede geraten. Es wird bezweifelt, ob das Handelsgesetzbuch noch in die Rechtslandschaft unserer Tage paßt. *Wiethölter* hat die „Positionsentwicklung von Handelsrecht" im Jahr 1969 auf einem Symposion mit folgenden Worten charakterisiert¹⁰: „Handelsrecht existiert nur für einige Juristen (z. B. Studenten). Es hat den Anschluß an seinen Gegenstand längst verloren. Die Handelswissenschaft ist längst über die Betriebswirtschaftslehre und die Unternehmensorganisationslehre zur nationalökonomischen Technologie gediehen, die den Anschluß an

---

⁴ *Müller-Freienfels*, Zur „Selbständigkeit" des Handelsrechts, in: Festschrift von Caemmerer, 1978, S. 583 ff.
⁵ *Müller-Freienfels* (Fn. 4), S. 589 ff.
⁶ *Müller-Freienfels* (Fn. 4), S. 597 ff.
⁷ *Müller-Freienfels* (Fn. 4), S. 613.
⁸ *Müller-Freienfels* (Fn. 4), S. 618.
⁹ Die Commissionsberichte und weiteren Verhandlungen über die Einführung des Allgemeinen Deutschen Handelsgesetzbuches in Hamburg, 1866, S. XXIII.
¹⁰ *Wiethölter*, Die GmbH in einem modernen Gesellschaftsrecht und der Referentenentwurf eines GmbH-Gesetzes, in: Probleme der GmbH-Reform, 1970, S. 11 (37).

die politische Ökonomie gesucht und gefunden hat. Im Handelsrecht schlummert hingegen noch immer der Muß-Kann-Darf-nicht-Kaufmann." Wollte man diese Handelsrechtskritik in dem Sinne verstehen, sie sähe das Handelsrecht des 19. Jahrhunderts noch als Teil einer integrierten Handelswissenschaft an, so würde sie gewiß mißverstanden. Kooperation des Handelsrechts mit den ökonomischen Wissenschaften ist fraglos förderungswürdig, ja unentbehrlich[11]. Es bedarf keiner großen Worte, um festzustellen, daß etwa ein neues Bilanzrecht nicht ohne betriebswirtschaftlichen Sachverstand erarbeitet werden kann[12]. Das 19. Jahrhundert war sich solcher Zusammenhänge nicht minder bewußt als die Gegenwart[13]. Die romantische Vorstellung aber, in den großen Tagen des Handelsrechts habe es noch eine integrierte Handelswissenschaft gegeben, wäre verfehlt. Die in der Literatur des 19. Jahrhunderts entworfene Systematik, die eine das Handelsrecht mitumfassende Handelswissenschaft im weiteren Sinne und eine selbständige Handelswissenschaft im engeren Sinne unterschied[14], hat sich nicht sichtbar in interdisziplinärer Integration niedergeschlagen. Die Handelsrechtsliteratur des 19. Jahrhunderts hob vielmehr beides – die ökonomische und die rechtliche Wissenschaft vom Handel – deutlich gegeneinander ab[15]. Auch *Heinrich Thöl*, der noch das Handelsrecht als Bestandteil der allgemeinen Handelswis-

---

[11] Über Rechtswissenschaft und Wirtschaftswissenschaften vgl. mit umfangreichen Nachweisen *Raisch-Karsten Schmidt*, Rechtswissenschaft und Wirtschaftswissenschaften, in: *Dieter Grimm* (Hrsg.), Rechtswissenschaft und Nachbarwissenschaften, Bd. I, 1973 (= 2. Aufl. 1976), S. 143 ff.; seither etwa noch *Horn, Kolbeck* und *Herrmann*, in: *Horn-Tietz* (Hrsg.), Sozialwissenschaften im Studium des Rechts, Bd. 1, 1977, S. 117 ff., 137 ff., 151 ff.

[12] Die Diskussion wird denn auch interdisziplinär geführt, vgl. statt vieler den Sammelband von *Bierich-Busse von Colbe-Laßmann-Lutter*, Rechnungslegung nach neuem Recht, ZGR-Sonderheft 2, 1980.

[13] Vgl. nur *Koch*, Zur Würdigung des Allgem. deutschen Handelsgesetzbuchs besonders in volkswirtschaftlicher Hinsicht, BuschsArch. 1 (1863), 431.

[14] Vgl. nur *Goldschmidt*, Hdb. des Handelsrechts, Bd. I, 2. Aufl. 1875, S. 3 ff.; *Endemann*, in: Endemanns Hdb. des Deutschen Handels-, See- und Wechselrechts, Bd. I, 1881, S. 8 f.

[15] So, allerdings mit einer nicht allgemein verbreiteten Schärfe, namentlich *Behrend*, Lehrbuch des Handelsrechts, Bd. I, 1886, S. 16 f.; vgl. aber auch bereits *Morstadt's* Comm. über das Handelsrecht Deutschlands und Frankreichs, auf der Basis des Grundrisses von *Martens*, 1849, S. 3: „Von dem Handelsrecht sind Handelswissenschaft, Handelskunde, Handelspolitik, wie von dem Wechsel- und Seerecht die Wissenschaft des Wechsel- und Seewesens, sorgfältig zu unterscheiden."

senschaft einordnete[16], trat energisch für die Anwendung romanistischer Rechtssätze ein[17]. *Peter Raisch*, der die historischen Bezüge des geltenden Handelsrechts wie kein anderer aufgearbeitet hat, sieht in *Thöl* geradezu denjenigen, der „erstmalig die Wissenschaft der empirischen Erscheinungen des Handels von der rechtswissenschaftlichen Bearbeitung des Stoffes unterscheidet"[18]. Hier sei nicht entschieden, ob wirklich eine Pionierleistung *Thöls* vorliegt. Festgehalten sei nur, daß sich das Spannungsverhältnis zwischen dem Recht und den ökonomischen Wissenschaften zwischen dem 19. und dem 20. Jahrhundert nicht prinzipiell verschoben hat. Der Blick aus der Gegenwart auf das Handelsrecht des 19. Jahrhunderts ist nicht ein Blick aus dem Zustand babylonischer Verwirrung der Disziplinen in das verlorene Paradies einer ungeteilten Handelswissenschaft. Trotzdem offenbart *Wiethölters* Kritik eine entscheidende Schwäche des gegenwärtigen Handelsrecht: Es ist derjenige Teil der allgemeinen „Handelswissenschaften", dessen Entwicklung am stärksten hinter den Erwartungen zurückgeblieben ist, die das 19. Jahrhundert in diese Wissenschaften setzte. Dies wiederum dürfte damit zusammenhängen, daß dem Handelsrecht jene Realitätsnähe mehr und mehr abgeht, die man diesem Rechtsgebiet so gern zuschreibt. Das kodifizierte Handelsrecht ist damit einem Prinzip untreu geworden, das gerade im 19. Jahrhundert unter Berufung auf die allgemeinen Handelswissenschaften als Charakteristikum des Handelsrecht bezeichnet wurde[19]: „Die Übereinstimmung mit dem realen Leben aufrecht zu erhalten, ist die erste Aufgabe der Gesetzgebung, aber nicht minder auch die Aufgabe der Theorie."

Eine Kritik des Handelsgesetzbuchs als Kodifikationswerk kann sich nach den vorstehenden Überlegungen auf zwei Hauptgesichtspunkte konzentrieren: auf die allgemeine Frage nach dem Sinn einer Handelsrechtskodifikation (dazu alsbald unter II) und auf die Frage, ob das geltende Handelsgesetzbuch – seine prinzipielle Berechtigung einmal vorausgesetzt – den Anforderungen des modernen Handelsrechts zu genügen vermag (dazu später unter III).

---

[16] *Thöl*, Handelsrecht, Bd. I, 6. Aufl. 1879, S. 8; vgl. ferner *Endemann* (Fn. 14), S. 8 f.

[17] *Thöl* (Fn. 16), S. 19 f.

[18] *Raisch*, Die Abgrenzung des Handelsrechts vom bürgerlichen Recht als Kodifikationsproblem im 19. Jahrhundert, 27. Beiheft zur ZHR, 1962, S. 17.

[19] *Endemann* (Fn. 14), S. 9.

II. Zum Wert einer Handelsrechtskodifikation

1. Grundpositionen

Bereits in den einleitenden Bemerkungen war von der Grundsatzkritik am Handelsgesetzbuch die Rede. Wer heute den Wert einer Handelsrechtskodifikation diskutiert, muß den gegenwärtigen Zustand des Privatrechts in Betracht ziehen. Der Strom der einschlägigen Kodifikationswerke im 19. Jahrhundert[20] mag eine Erklärung für die Selbstverständlichkeit sein, mit der der Gesetzgeber dem Handelsgesetzbuch einen eigenen Platz zugewiesen hat. Auch bleibt, da im Handelsgesetzbuch das Konzept des ADHGB von 1861 fortlebt[21], die besondere Situation Deutschlands in der Mitte des 19. Jahrhunderts als politischer und rechtshistorischer Hintergrund des geltenden Rechts von Interesse (dazu noch später unter III 1 b bb). Gegenstand der kritischen Betrachtung muß aber das Handelsrecht der Gegenwart im System des gegenwärtigen Gesetzesrechts sein. Der Rückgriff auf die Vorgeschichte des Handelsgesetzbuchs kann Unstimmigkeiten des geltenden Rechts erklären, aber nicht rechtfertigen.

Die geistesgeschichtlichen Grundlagen der Kodifikationsidee, die im Naturrecht und im Frühhistorismus liegenden Wurzeln der älteren unter den neuzeitlichen Kodifikationen, sind 1954 von *Wieacker*[22] ebenso eindrucksvoll geschildert worden wie die prägende Kraft des Nationalstaats-

---

[20] Überblick bei *Schlosser*, Grundzüge der Neueren Privatrechtsgeschichte, 3. Aufl. 1979, S. 91 ff.; vgl. auch *Wieacker*, Der Kampf des 19. Jahrhunderts um die Nationalgesetzbücher, in: *ders.*, Industriegesellschaft und Privatrechtsordnung, 1974, S. 79.

[21] Vgl. *K. Lehmann*, Die Entwicklung des deutschen Handelsrechts, ZHR 52 (1902), 1 (20); *Otto Gierke*, Der Entwurf des neuen Handelsgesetzbuches, ZHR 45 (1896), 441 (443); die Ausklammerung grundlegenderer Reformen aus der Gesetzgebungsarbeit wird deutlich in der Aufgabenstellung des HGB-Gesetzgebers, Denkschrift, in: *Hahn-Mugdan*, Materialien zum HGB, 1897, S. 189–191, und in der maßvollen Kritik von *Victor Ehrenberg*, Bemerkungen zu dem Entwurfe eines neuen Handelsgesetzbuchs, JherJ 37 (1897), 77.

[22] *Wieacker*, Aufstieg, Blüte und Krise der Kodifikationsidee, in: Festschrift Gustav Boehmer, 1954, S. 34 ff.

gedankens für die Kodifikationen des 19. Jahrhunderts[23]. Die besondere
Situation gerade im Handelsrecht – sie wurde zuletzt von *Theodor Baums*
in einer noch unveröffentlichten Untersuchung aufgearbeitet[24] – wird
unter III 1 b anzuprechen sein. Eine Bewertung des Handelsgesetzbuchs
für heute und morgen hat auf den gegenwärtigen Rechtszustand und auf
die Frage abzustellen, was eine Handelsrechtskodifikation heute zu leisten vermag. Daher muß zunächst Klarheit über den Gegenstand der
Betrachtung herrschen. Das Zweite Buch des HGB über die Handelsgesellschaften und die stille Gesellschaft auszublenden, scheint erlaubt,
denn das weite Feld des Gesellschaftsrechts kann im vorliegenden Zusammenhang nicht ausgemessen werden. Insofern muß die Feststellung genügen, daß das zweite Buch des HGB im System des Gesetzesrechts nicht
anders dasteht als ein Personengesellschaftsgesetz: nicht als Teil einer
Gesamtkodifikation, sondern als ein Normenkomplex, der sich neben
den §§ 705 ff. BGB, dem Aktiengesetz von 1965, dem GmbH-Gesetz von
1892 und dem Genossenschaftsgesetz von 1889 einen ihm traditionellerweise zugedachten Platz bewahrt hat. Es mag dabei bleiben, es mag zur
Zerschlagung des HGB oder zur Schaffung einer Kodifikation des gesamten Unternehmens- oder Gesellschaftsrechts kommen – das Recht der
Handelsgesellschaften und der stillen Gesellschaft ist jedenfalls als Beur-
teilungsgrundlage für den Wert des Handelsgesetzbuchs ohne entscheidende Bedeutung. Kann hiernach das Zweite Buch aus der Betrachtung
ausgeblendet werden, so erweisen sich das Erste Buch („Handelsstand")
und das Dritte Buch („Handelsgeschäfte") als Hauptgegenstand jeder
HGB-Kritik. Beide Bücher müssen jedenfalls in die Betrachtung einbezogen werden, und es dient der Sache nicht, wenn sich die vor allem aus dem
Lager der Zivilrechtler immer wieder vorgetragene Kritik am Konzept des
Handelsgesetzbuchs einseitig am Dritten Buch festbeißt[25]. Es liegt näm-

---

[23] Vgl. vor allem über die Bedeutung der nation une et indivisible für die
nachrevolutionäre (napoleonische) Kodifikationsarbeit *Wieacker*, Aufstieg
(Fn. 22), S. 42 f.

[24] Entwurf eines allgemeinen Handelsgesetzbuches für Deutschland (1849). Text
und Materialien. Herausgegeben und mit einer Einführung versehen von *Theodor
Baums*, bei Abschluß dieser Arbeit im Druck.

[25] Charakteristisch *Eichler*, Die Einheit des Privatrechts, ZHR 126 (1964),
181 ff.; in gleicher Richtung, nämlich bezogen auf Handelsgeschäfte, *Müller-
Freienfels* (Fn. 4), S. 611; unzutreffend ist insofern der Befund bei *Graue*, Droit
civil et Droit commercial en Allemagne Féderale, in: *Rotondi*, Inchieste di Diritto
Comparato III, 1974, S. 137 (143): La mise en vigueur des deux codes allemands, en
1900, a mis fin à une dispute acharnée entre les „civilistes" et les „commercialistes".

lich auf der Hand, daß allenfalls das Recht der „Handelsgeschäfte", gewiß aber nicht das Recht des „Handelsstandes" einen Platz im Bürgerlichen Gesetzbuch verdient hätte[26]. Weil das so ist, bedarf es zunächst eines Konsenses darüber, welches die Leitidee eines praxisgerechten Handelsgesetzbuches sein könnte, denn die Vorschriften über das kaufmännische Unternehmen und über Handelsgeschäfte bilden in Wahrheit recht heterogene Komplexe.

2. Der fehlende Grundkonsens
a) Zum Gegenstand des Handelsgesetzbuchs

aa) Die Frage, welche Gegenstände denn in ein praxisgerechtes Handelsgesetzbuch hineingehören, hat hiernach Vorrang vor der ganz anderen Frage, welche HGB-Normen neben dem Bürgerlichen Gesetzbuch Bestand haben sollen. In grundsätzlicher Hinsicht krankt nun das Handelsgesetzbuch bis heute daran, daß niemals verbindliche Klarheit über seinen Gegenstand bestanden hat. Ich muß, um diese Behauptung zu belegen, auf einen rechtspolitischen Streit des 19. Jahrhunderts hinweisen, der heute scheinbar belanglos ist[27], aber in Wahrheit als unbewältigtes Handelsrechtsproblem fortwirkt: auf den Streit um das sog. objektive und das sog. subjektive System[28]. Was damit gemeint war, ist schnell gesagt: Wenn das Handelsgesetzbuch das Recht der kaufmännischen Unternehmung (heute im Ersten Buch) und das Recht der Handelsgeschäfte (heute im Dritten Buch) regeln sollte, dann mußte sich der Gesetzgeber – in den Worten *Levin Goldschmidts* – die Frage vorlegen, „ob man den Kaufmann aus dem Handelsgeschäft, oder den Begriff des Handelsgeschäfts aus dem des Kaufmanns abstrahiren solle"[29]. Das subjektive System, als dessen Sprecher namentlich *Thöl* genannt wird[30], setzte beim Kaufmann

---

[26] Ganz ähnlich schon die Beobachtung bei *Nipperdey*, Die Vereinheitlichung des Rechts der Schuldverhältnisse in Italien und Deutschland, ZAkDR 1938, 721 (722 f.).

[27] Vgl. *Raisch*, Die Abgrenzung (Fn. 18), S. 21: „letztlich ... substanzlos".

[28] Eingehend dazu *Raisch*, Die Abgrenzung (Fn. 18), S. 17 ff.

[29] *Goldschmidt*, Kritik des Entwurfs eines Handelsgesetzbuchs für die Preußischen Staaten, 1857, S. 11.

[30] *Thöl*, Handelsrecht, Bd. I, 4. Aufl., 1862, S. 82: „Was heißt Kaufmann? was Handelsgeschäft? Durch die Antwort ist das *Handelsgewerbe* bestimmt, worauf es vor Allem ankommt. Denn das Handelsrecht soll ein Gewerberecht sein; das Gewerbe ist es, was nach einem codificirten und besondern Recht verlangt, nicht die vereinzelte Speculation."

14

an. Das von *Goldschmidt* und *Brinckmann* favorisierte objektive System definierte die Handelsgeschäfte und erklärte den zum Kaufmann, der gewerbsmäßig Handelsgeschäfte betreibt. Seit *Wieland*[31] und *Raisch*[32] wissen wir, daß das Unternehmen den tauglichen Ansatzpunkt liefert. Wir stehen damit dem subjektiven System näher, denn wenn es eine handelsrechtliche Leitidee gibt, dann ist es die eines Unternehmensprivatrechts[33]. Im Gegensatz zum ADHGB[34] scheint auch das HGB in den §§ 1 ff., 343 ff. diesen Weg zu gehen[35], denn es definiert die kaufmännischen Unternehmen und erklärt die Rechtsgeschäfte des Kaufmanns zu Handelsgeschäften. Doch bei Nähe besehen krankt unser antiquierter Kaufmannsbegriff an einem heimlichen Sieg des objektiven Systems[36].

bb) Die Vertreter des objektiven Systems gingen mit Recht davon aus, daß das Kaufmannsrecht als Standesrecht überholt sei[37]. Die aus heutiger Sicht vorschnelle Folgerung war, daß man nicht auf das Subjekt, den Handelsmann, sondern auf das Objekt des Handelsrechts zu blicken habe: auf den Handel. „Jedes Rechtsgeschäft", so *Goldschmidt*[38], „wel-

---

[31] *Wieland*, Handelsrecht, Bd. I, 1921, S. 145 ff.; nur als Rechtsobjekt interessiert noch das Unternehmen bei *Pisko*, Das Unternehmen als Gegenstand des Rechtsverkehrs, 1907; *ders.*, Das kaufmännische Unternehmen, in: Ehrenbergs Hdb., Bd. II, 1918, S. 195 ff.

[32] *Raisch*, Die Abgrenzung (Fn. 18), S. 28; *ders.*, Geschichtliche Voraussetzungen, dogmatische Grundlagen und Sinnwandlung des Handelsrechts, 1965, S. 119 ff.; *ders.*, Unternehmensrecht I, 1973, S. 78 ff.; *ders.*, Die rechtsdogmatische Bedeutung der Abgrenzung von Handelsrecht und bürgerlichem Recht, in: *Rotondi*, Inchieste (Fn. 25), S. 463 (477 f.).

[33] Zur Ausdehnung auf nicht-kaufmännische Unternehmen vgl. *Karsten Schmidt*, Handelsrecht, 1980 (= 2. Aufl. 1982), S. 39 ff.

[34] Das System des ADHGB wurde gern euphemistisch als „gemischtes System" bezeichnet; vgl. statt vieler *Endemann* (Fn. 14), S. 53; *Schultze-v. Lasaulx*, Die Zukunft des Kaufmannsbegriffes in der deutschen Rechtsordnung, 1939, S. 5; Art. 4 ADHGB bezeichnete denjenigen als Kaufmann, der gewerbsmäßig Handelsgeschäfte betreibt; die Handelsgeschäfte waren, ähnlich dem heutigen § 1 HGB, in Art. 271 f. ADHGB aufgezählt; wer allerdings Kaufmann war, dessen Geschäfte waren, sofern zum Betriebe seines Handelsgewerbes gehörig, insgesamt Handelsgeschäfte (Art. 273 ADHGB).

[35] So die ganz h. M., z. B.: *Gierke-Sandrock* (Fn. 3), S. 107; *Schultze-v. Lasaulx*, Die Zukunft (Fn. 34), S. 6; *Brüggemann* in Großkomm. HGB, 3. Aufl. 1967, Vorbem. 2 zu § 1; *Wessel*, Der Kaufmannsbegriff, BB 1977, 1226.

[36] Schon der Preußische Entwurf, der sich eindeutig gegen das objektive System aussprach, zog der Generalklausel eine Enumeration vor, vgl. Entwurf eines Handelsgesetzbuchs für die Preußischen Staaten. Nebst Motiven. Zweiter Theil, Motive, 1857, S. 4 f.

[37] *Endemann*, Das Deutsche Handelsrecht, 2. Aufl. 1868, S. 20.

[38] *Goldschmidt*, Kritik (Fn. 29), S. 11.

ches bezweckt, durch einen Warenumsatz in wesentlich unveränderter Form Gewinn zu ziehen, oder dessen Gegenstand die Vermittelung, Erleichterung oder Sicherung dieses Warenumsatzes bildet, ist ein Handelsgeschäft...; daneben mag auch wohl durch positive Gesetzesvorschrift ein oder das andere Rechtsgeschäft, welches unter diesen Begriff nicht fällt, dem Kreis der Handelsgeschäfte zugewiesen werden." Deutlicher noch liest man es bei *Brinckmann*, dem anderen großen Vertreter des objektiven Systems[39] der in *Heise*[40] und *Endemann*[41] prominente Gefolgschaft fand: Handel ist für *Brinckmann* der Warenumsatz einschließlich derjenigen Geschäfte, die sich mittelbar auf den Warenumsatz beziehen. Zu den Handelsgeschäften gehörten demnach zunächst der reine Warenhandel, dann aber auch das Kommissions- und Speditionswesen, das Fracht- und Seefrachtgeschäft, die Bank- und Geldwechselgeschäfte sowie die Versicherungen. Die sich hieraus ergebende Systematik findet sich wiederum am klarsten bei *Goldschmidt*[42]: Handelsgeschäfte sind die Geschäfte des Warenhandels, die fabrikmäßige Warenbearbeitung und andere, dem Warenhandel gleichgestellte Geschäfte; wer solche Handelsgeschäfte gewerblich betreibt, ist Kaufmann. Die nachgerade frappierenden Ähnlichkeiten unseres § 1 HGB mit dieser Aufzählung sind vielleicht unbeabsichtigt, aber ganz gewiß nicht zufällig. Der Kaufmann kraft Gewerbebetriebes wird heute noch durch jenen engen Katalog bestimmt, den *Brinckmann* vor einhundertdreißig Jahren formuliert hat. Der Gesetzgeber von 1897 mußte allen Mut zusammennehmen, um den längst erkannten[43] Unzuträglichkeiten dieses Katalogs mit der Generalklausel des § 2 HGB zu begegnen[44]. Was damals als Wagnis empfunden wurde, stellt sich heute als folgenschwere Zaghaftigkeit dar, denn der Kaufmannsbegriff des geltenden Rechts weist Lücken auf. Ganz treffend hat *Hermann Krause* im Jahr 1938 festgestellt, das Handelsrecht sei gleichsam in seiner Entwicklung steckengeblieben, weil es sich vom traditionellen Kaufmannsrecht – dem Recht der Händler – gelöst habe, ohne doch zum Recht der gewerblichen Wirtschaftenden schlechthin zu werden[45]. Diese

[39] *Brinckmann*, Lehrbuch des Handels-Rechts, 1853–1860, S. 4.
[40] *Heise's* Handelsrecht, 1858, S. 15 ff.
[41] *Endemann*, Handelsrecht (Fn. 37), S. 2 ff., 20 ff.
[42] *Goldschmidt*, Kritik (Fn. 29), S. 14 f.
[43] Vgl. nur *Koch* (Fn. 13), Buschs Arch. 1 (1863), 431 (443).
[44] Vgl. Denkschrift (Fn. 21), S. 192 ff.
[45] *Krause*, Kaufmannsrecht und Unternehmensrecht, ZHR 105 (1938), 69 (124 f.).

Halbherzigkeit wirkt in den juristischen Alltag hinein: Der eintragungs-
pflichtige, aber nicht eingetragene Bauunternehmer – ein Beispiel für viele
– ist kein Kaufmann. Er konnte bis zur Einführung des § 47b HGB im
Jahr 1976[46] im Konkursfall nicht einmal wegen mangelhafter Buchführung
bestraft werden. Seine Gesellschaft kann als BGB-Gesellschaft nach abso-
lut herrschender – aber doch fragwürdiger[47] – Ansicht weder verklagt
werden noch in Konkurs fallen[48] – alles Rechtsfolgen, deren groteske
Unerfreulichkeit außer Zweifel stehen dürfte und die durch den engen
Kaufmannsbegriff bedingt sind.

cc) Unser Rückblick auf *Brinckmanns* und *Goldschmidts* objektives
System gibt uns Erklärungen für ein allgemein bekanntes und für ein
weniger bemerktes Phänomen des geschriebenen Handelsrechts: Zum
einen lehrt er, wo der notorisch veraltete Kaufmannsbegriff seinen
Grundlagenfehler hat. Zum anderen wird ein auffallendes Charakteristikum des Dritten Buchs verständlich: In einem am Warenhandel orientierten objektiven System des Handelsrechts kann nicht verwundern, daß der
heute so wichtige Dienstleistungsbereich im Gesetz auffallend vernachlässigt ist. Nur diejenigen Dienstleistungen, die mit dem Warenhandel
zusammenhängen, sind eingehend geregelt: Kommission, Spedition, La-
gerei und Transportwesen. Das übrige müssen die überstrapazierten
BGB-Regeln über den Dienstvertrag, den Werkvertrag und – vor allem im
Bankrecht – den Geschäftsbesorgungsvertrag leisten. Wo diese nicht
weiterhelfen, wie etwa beim Leasing und beim Factoring, finden zähe
Rechtsfortbildungsprozesse statt, die für den wissenschaftlich interessier-
ten Beschauer lehrreich, für die Betroffenen oft aber schmerzlich sind und
die Leistungsgrenzen kodifikatorischer Gestaltung immer wieder vor
Augen führen. Das Handelsgesetzbuch steht – ganz im Widerspruch zu
der ihm einst zugedachten Praxisnähe – außerhalb dieser wichtigen Fort-
bildungsprozesse.

---

[46] Einführung durch das Erste Gesetz zur Bekämpfung der Wirtschaftskriminalität vom 29.7.1976 (BGBl. I, S. 2034); zur Bedeutung der Vorschrift *Biener*, Die
Neufassung handelsrechtlicher Buchführungsvorschriften, DB 1977, 527 (533).

[47] Vgl. näher in meinem Handelsrecht (Fn. 33), S. 87 ff.

[48] Zur Parteiunfähigkeit der Gesellschaft bürgerlichen Rechts vgl. etwa *Stein-
Jonas-Leipold*, ZPO, 20. Aufl., 3. Lfg. 1977, § 50 Rdn. 17; zur Konkursunfähigkeit
vgl. *Jaeger-Henckel*, KO, 9. Aufl., 1. Lfg. 1977, § 1 Rdd. 151; *Mentzel-Kuhn-
Uhlenbruck*, KO, 9. Aufl. 1979, Vorbem. vor § 207 B Rdn. 1; *Ulmer*, Die Gesellschaft bürgerlichen Rechts, 1980, § 705 Rdn. 114.

b) Was ist zu tun?

Aus diesen Überlegungen ergeben sich zunächst Nahziele für die Handelsgesetzgebung. Zunächst gehört der antiquierte Kaufmannsbegriff – angeblich der Kristallisationspunkt des Handelsrechts[49], in Wahrheit der Hauptschuldige an der vermeintlichen Geistlosigkeit dieser Materie – durch einen Unternehmensbegriff ersetzt[50]. Statt auf eine solche Lösung hinzuarbeiten, hat man in den vergangenen Jahren durch notdürftige Manipulationen den Normadressatenkreis des Handelsrechts punktuell korrigiert. Beispiele sind das Erste Gesetz zur Bekämpfung der Wirtschaftskriminalität, dessen § 47 b HGB den nichteingetragenen Sollkaufmann für buchführungspflichtig erklärte, und das Gesetz über die Kaufmannseigenschaft von Land- und Forstwirten, das den § 3 HGB änderte und damit den ersehnten Weg in die Bauernhof-GmbH & Co. KG freigab. Solche Detailkorrektur entspricht einer rechtspolitischen Methode, die *Schultze-v. Lasaulx* im Jahr 1939 vorgeschlagen hat. *Schultze-v. Lasaulx* stellte fest, „daß die Grenzziehung unscharf und äußerst ‚zerklüftet‘ ist, sowie auch den modernen Verhältnissen nicht gerecht wird"[51]. Die notwendige Erweiterung dürfe aber „nicht bestimmt werden durch eine rücksichtslose Gleichmacherei"[52]. Keineswegs nämlich dürfe „eine vorweggenommene systematisch-dogmatische Grundhaltung Veranlassung sein, den Gewerbekatalog ganz zu beseitigen"; dies sei erst erlaubt, „wenn sorgfältige Einzeluntersuchung zu dem Ergebnis führt, daß alle Gewerbe dem Handelsrecht unterstellt werden können"[53]. Solche Behutsamkeit gegenüber rechtspolitischem Wagnis verdient im Grundsatz Respekt, aber sie kann auch zur Perpetuierung rechtspolitischer Mißstände führen. Gemessen hieran glaubt man in dem jüngst eingebrachten Regierungsentwurf eines Bilanzrichtlinie-Gesetzes[54] ein Stück Kodifikationsidee zu erkennen. Der Entwurf enthält nämlich in § 236 einen Unternehmensbegriff. Dieser Unternehmensbegriff ersetzt aber nicht den fehlenden Kristallisationspunkt des Handelsrechts, denn er versteht sich über-

---

[49] Eingehend *Schultze-v. Lasaulx*, Die Zukunft (Fn. 34), S. 4 ff.

[50] So auch *Lutter*, Gedanken zur aktuellen Bedeutung des Handelsgesetzbuches der Bundesrepublik Deutschland, in: *Rotondi*, Inchieste (Fn. 25), S. 261 (270); *Herber*, Probleme der gesetzlichen Fortentwicklung des Handels- und Gesellschaftsrechts, ZHR 144 (1980), 47 (71).

[51] *Schultze-v. Lasaulx*, Die Zukunft (Fn. 34), S. 51.

[52] *Schultze-v. Lasaulx*, Die Zukunft (Fn. 34), S. 51.

[53] *Schultze-v. Lasaulx*, Die Zukunft (Fn. 34), S. 53.

[54] BR-Drucks. 61/82.

haupt nicht als eine Reformvorschrift. Der Unternehmensbegriff umfaßt folgende Rechtsträger: die Vollkaufleute nach §§ 1, 2, 3 und 5 HGB, die nichteingetragenen Sollkaufleute des § 47 b, die Handelsgesellschaften, die eingetragenen Genossenschaften und die Versicherungsvereine, soweit sie nicht kleinere Versicherungsvereine i. S. von § 53 VAG sind. Die Entwurfsbestimmung will damit keine grundlegende Neuerung, ja sie will überhaupt keine Regelungsnorm sein, denn sie faßt nur das schon vorhandene Sammelsurium handelsrechtlichen Normadressaten zu einer Sammelbezeichnung[55] zusammen. Der von einem Berliner Expertenkreis erarbeitete, von *Schulze-Osterloh* herausgegebene Alternativentwurf[56] verzichtet denn auch auf diese rein terminologische Hilfe. In der Tat liegt nur eine Frage der gesetzestechnischen Zweckmäßigkeit, nicht ein materiales Regelungsproblem vor. Der Schwächen des HGB wird man auf diese Weise nicht Herr. Die Handelsrechtskodifikation ist und bleibt in ihren Fundamenten baufällig.

3. Unternehmensprivatrecht und Drittes Buch

a) Die fehlende Basis des Dritten Buchs

Auf der Grundlage der vorstehenden Ausführungen ergibt sich, daß das Handelsgesetzbuch nur auf der Basis des subjektiven Systems gerechtfertigt, kritisiert und ggf. verbessert oder durch ein neues Kodifikationswerk ersetzt werden kann. Die wiederholten Hinweise des Schrifttums auf das Fehlen einer überzeugenden Leitidee für ein Recht der Handelsgeschäfte[57] sind nur zu berechtigt und auf der Grundlage des subjektiven Systems nahezu selbstverständlich[58]. Solange kein tragfähiges objektives System aufgebaut ist – und ein solches ist nicht in Sicht –, fehlt dem Dritten Buch notwendig eine in sich geschlossene Basis. Auch *Philipp Hecks* Versuch, das Recht der Handelsgeschäfte als das Recht des rechtsgeschäftlichen Massenbetriebes zu rechtfertigen[59], entbehrt der rechtstat-

---

[55] BegrRegE Bilanzrichtlinie-Gesetz, BR-Drucks. 61/82, S. 75.

[56] Alternativen zum Bilanzrichtlinie-Gesetzentwurf, hrsgg. von *Joachim Schulze-Osterloh*, 1981, S. 50 f., 98.

[57] Vgl. nur *Eichler* (Fn. 25), ZHR 126 (1964), 188 ff.; *Müller-Freienfels* (Fn. 4), S. 597, 613 ff.

[58] *Eichler* (Fn. 25), ZHR 126 (1964), 190, bemerkt, daß sich mit der Hinwendung zum Unternehmensgedanken der Gedanke der Sonderung des Handelsrechts mehr und mehr verflüchtigen mußte.

[59] *Philipp Heck*, Weshalb besteht ein von dem bürgerlichen Rechte gesondertes Handelsprivatrecht?, AcP 92 (1902), 438 (454 ff.).

sächlichen wie der teleologischen Grundlage: der rechtstatsächlichen, weil die §§ 343 ff. HGB nicht den typischen Massenbetrieb widerspiegeln, und der teleologischen, weil ein den Massenbetrieb vereinigender Normzweck – etwa die technische Erleichterung der Massenabfertigung oder der Schutz des Vertragspartners[60] – diesen Bestimmungen nicht entnommen werden kann. Solange nicht ein durchdachtes objektives System des Handelsrechts aufgebaut werden kann, wird jeder Versuch, das Recht der Handelsgeschäfte als privatrechtliche Sondermaterie zu rechtfertigen, scheitern. Wer etwa *Arthur Nußbaums* Antrittsrede über „Die Auflösung des Handelsrechtsbegriffs"[61] genau liest, wird feststellen, daß die von *Nußbaum* konstatierte „fast völlige Auflösung des Handelsrechtsbegriffs"[62] der Sache nach nichts anderes war als ein Grabgesang auf das objektive System, von dem doch ohnedies allgemein gesagt wurde, das HGB habe sich definitiv von ihm losgesagt. *Nußbaum*[63] ging vom „Handel im wirtschaftlichen Sinne" aus und mußte schon in den §§ 2 und 3 HGB Symptome einer „fortschreitenden Auflösung des Handelsrechtsbegriffs" sehen[64]. Diese „Auflösung des Handelsrechtsbegriffs" ist nichts als die Beseitigung von Relikten des objektiven Systems. *Nußbaums* Sicht der Dinge kann, wenn der Gesetzgeber sie sich zu eigen macht, zur Lebensfrage zwar nicht für das Handelsgesetzbuch, wohl aber für sein Drittes Buch werden. In einem am subjektiven System orientierten Handelsgesetzbuch kann das Recht der Handelsgeschäfte nicht mehr aus sich heraus gerechtfertigt werden; es kann nur als Fremdkörper eliminiert oder kraft Sachzusammenhangs als Annex des Rechts der (Handels-)Unternehmen gerechtfertigt werden.

b) Mögliche Folgerungen

In rechtspolitischer Hinsicht zeichnen sich damit drei grundsätzliche gesetzgeberische Strategien ab:

---

[60] Zum fehlenden Verbraucherschutzaspekt vgl. im Text unter III 1 b aa; auch das dem Handelsrecht nachgesagte Bestreben nach Schnelligkeit und Leichtigkeit erklärt zwar die Begünstigung des Kaufmanns, aber es schafft doch kein Recht des Massenverkehrs.

[61] *Nußbaum*, Die Auflösung des Handelsrechtsbegriffs, ZHR 76 (1915), 325 ff.

[62] *Nußbaum* (Fn. 61), ZHR 76 (1915), 331.

[63] *Nußbaum* (Fn. 61), ZHR 76 (1915), 325.

[64] *Nußbaum* (Fn. 61), ZHR 76 (1915), 327.

aa) Das Handelsgesetzbuch könnte durch eine breit angelegte Kodifikation ersetzt werden[65]. Sollte es gelingen, eine allgemeine Unternehmensrechtskodifikation zu entwerfen, so könnten die wesentlichen Gegenstände des Ersten Buchs in dieses neue Gesetz einbezogen werden, und es wäre eine sekundäre Frage, ob Normenmassen über die Handelsgeschäfte dem Bürgerlichen Gesetzbuch einzuverleiben wären[66]. Freilich wäre ein solches Kodifikationsvorhaben nicht nur umfangreicher, sondern auch wesentlich komplizierter als eine Fortschreibung der gewachsenen Gesetze[67]. Sie wäre ein Jahrhundertwagnis. Die Erträge des Berichts der Unternehmensrechtskommission[68] machen deutlich, daß eine solche Kodifikation nicht nur in der technischen Bewältigung auf extreme Schwierigkeiten stieße. Kodifikationsarbeit setzt ein Mindestmaß an rechtspolitischem Grundkonsens voraus. In dieser Hinsicht liegt das Ziel einer Unternehmensrechtskodifikation in weiter Ferne[69]. Erst recht gilt dies, wenn nicht nur das Innenrecht der Unternehmen, sondern auch das Recht der Wirtschafts- und Wettbewerbsordnung in das Vorhaben einer Unternehmensrechtskodifikation einbezogen werden sollte. Solches schlug zwar schon 1936 *Siebert*[70] vor, der sich das Handels- und Wirtschaftsrecht zu einer unternehmensrechtlichen Gesamtkodifikation zusammengefaßt vorstellte. Inzwischen hat sich aber das Wirtschaftsrecht ungeachtet des verbindenden Grundbegriffs „Unternehmen"[71] immer

---

[65] Vgl. bereits den umfassenden Versuch von *Rießer*, Zur Revision des Handelsgesetzbuchs, Bd. I, 1887, passim; eine kodifikatorische Neuordnung selbst des zugehörigen Verfahrensrechts erwägt *Gerhard Luther*, Zur Einheit von Bürgerlichem Recht und Handelsrecht, in: *Rotondi*, Inchieste (Fn. 25), S. 245 (254 ff.); für eine Verbreiterung des Ansatzes durch „Verbindung des Handels- und des Gewerbeprivatrechts" vgl. schon *Nußbaum* (Fn. 61), ZHR 76 (1915), 325 (334 f.).

[66] Dazu eindringlich *Marcus Lutter* (Fn. 50), S. 261 (268).

[67] Vgl. auch *Gerhard Luther* (Fn. 65), S. 257.

[68] Bericht über die Verhandlungen der Unternehmensrechtskommission, 1980 (Stellungnahmen von *Kübler*, *H. P. Westermann*, *Sonnenschein*, *Karsten Schmidt* und *Schulze-Osterloh*, ZGR 1981, 377 ff.); nur um die Wahrung von Arbeitnehmerinteressen in der Unternehmensorganisation bemüht: Vorschläge zum Unternehmensrecht, WSI-Studie zur Wirtschafts- und Sozialforschung, 1981.

[69] Ebenso bereits *Marcus Lutter* (Fn. 50), S. 270.

[70] *Siebert*, BGB-System und völkische Ordnung, DRW 1936, 204 (262); dagegen z. B. *Schultze-v. Lasaulx*, Die Zukunft (Fn. 34), S. 35 ff.

[71] Nach richtiger Auffassung ist die Eignung des Unternehmensbegriffs als verbindender Grundbegriff schon im Ausgangspunkt fragwürdig: Es gibt keinen einheitlichen Unternehmensbegriff, vielmehr ist dieser normteleologisch determiniert, näher *Rittner*, Wirtschaftsrecht, 1979, S. 118 ff., 297 ff.; *Karsten Schmidt*, „Unternehmen" und „Abhängigkeit": Begriffseinheit und Begriffsvielfalt im Kartell- und Konzernrecht, ZGR 1980, 277 (280); dort weitere Nachweise.

weiter zu einem Recht der Wirtschaftsordnung verselbständigt, so daß
selbst in theoretisch-systematischer Hinsicht – vom rechtspolitischen
Konsens und von der technisch-legislatorischen Durchführbarkeit einmal
abgesehen – noch die Grundlagen für ein derart umfassendes Konzept
fehlen. Der Gedanke einer grundlegenden Neuordnung und Verbreiterung des Handelsgesetzbuchs im Sinne eines allgemeinen und umfassenden Unternehmens- und Wirtschaftsrechtsgesetzes verspricht jedenfalls
im gegenwärtigen Zeitpunkt keine greifbaren Erträge.

bb) Eine zweite Möglichkeit – sie entspräche am besten dem Mei-
nungsbild der HGB-Kritiker – bestünde darin, die schuld- und sachen-
rechtlichen Materien aus dem Handelsgesetzbuch herauszunehmen und
sie entweder dem Bürgerlichen Gesetzbuch[72] oder, wo dies nicht sachge-
recht scheint, Einzelgesetzen einzuverleiben. Auch diese Überlegung ist
älter als unsere geltenden Gesetze. *Gareis*, der im Jahr 1874 „Aphorismen
über die Zukunft des Handelsrechts" vorlegte[73], betonte mit Recht, daß
ein blühender Handel und eine hochentwickelte Lehre vom Handelsrecht
nicht die Frage verbiete, ob das Handelsrecht noch „in Specialgesetzen
oder besonderen Handelsgesetzbüchern" niedergelegt bleiben könne. Er
meinte allerdings, daß trotz notwendiger Grenzverschiebungen „dem
Handelsrecht noch weite Gebiete zur Cultivierung vorliegen und bleiben
werden". Schließlich mußte sich auch die Vorkommission für die Erarbei-
tung des BGB diese Frage stellen[74]. Sie sprach sich in ihrem Bericht von
1874 für die Beibehaltung des Handelsgesetzbuchs aus und verwies
einerseits auf „gewisse, dem Handel durchaus eigenthümliche Institute
und Rechtssätze, welche mit einander in innerem und geschichtlichem
Zusammenhange stehen"; anderseits pflegten „im Handelsrecht gewisse
Principien des Verkehrsrechts zuerst in eigenthümlicher Ausbildung und
Schärfe hervorzutreten, deren einfache Übertragung auf den gesammten
Verkehr erheblichen Bedenken unterliegt". Schließlich sei auch im Handelsrecht „ein größeres Maß der Beweglichkeit und der Übereinstimmung
mit dem Recht auswärtiger Nationen nothwendig". Die Beibehaltung
eines so beschaffenen gesetzlichen Handelsrechts mußte allerdings die
Frage aufwerfen, ob neben dem Bürgerlichen Gesetzbuch überhaupt

---

[72] In dieser Richtung z. B. *Gerhard Luther* (Fn. 65), S. 259; *Müller-Freienfels*
(Fn. 4), S. 618.
[73] *Gareis*, Aphorismen über die Zukunft des Handelsrechts, Buschs Arch. 29
(1874), 1 ff.
[74] Vgl. zum Folgenden das bei *Goldschmidt*, Die Codification des Deutschen
bürgerlichen und Handels-Rechts, ZHR 20 (1875), 134 (137 ff.) abgedruckte
Gutachten der sog. Fünferkommission, dort S. 139 ff.

mehr als ein Sammelsurium übrig bleiben konnte. Die Vorkommission hatte sich immerhin noch die Frage gestellt, ob „zugleich die in das Handelsrecht einschlagenden Reichsspecialgesetze in geeigneter Umarbeitung dem deutschen Handelsgesetzbuch einzuverleiben seien". Wie nahe dies gelegen hätte, verdeutlicht ein Blick auf das Recht der Versicherungsverträge und auf das Bankvertragsrecht. Beide erscheinen im Katalog des § 1 HGB, der die Stoffauswahl des Dritten Buchs maßgebend bestimmt. Gleichwohl ist das Versicherungsvertragsrecht spezialgesetzlich geregelt[75], und das Bankvertragsrecht ist ohne jede kodifikatorische Erfassung geblieben[76]. Die historische Zufälligkeit der im Dritten Buch getroffenen Auswahl läßt diesen Normenkanon als entbehrlichen Teil des Handelsgesetzbuchs erscheinen. Das HGB könnte ohne Schaden für das Gesamtkonzept auf seine Kernmaterien beschränkt werden: auf das Erste und Zweite Buch sowie auf das neue Bilanzrecht[77].

cc) Gleichwohl fragt sich, ob nicht das Dritte Buch als historisch gewachsene Appendixmasse des Handelsrechts im HGB belassen werden sollte. Wenn – wie unter II 3 a ausgeführt wurde – dieser Teil des Gesetzes nur als Annex des Ersten Buchs verstanden und gerechtfertigt werden darf, dann müssen hinsichtlich seiner gedanklichen Geschlossenheit Verzichtleistungen geübt werden. Auch eine unvollkommene Kodifikation kann Kodifikationszwecke erfüllen. Nicht zuletzt in einer Zeit der vielbeklagten Normenflut sollte im Interesse der rechtsanwendenden Praxis jede Hilfe bei der Ordnung des Stoffes und damit bei der alltäglichen Rechtsanwendung genutzt und nach Kräften bewahrt werden. Diese Feststellung soll nicht als Aufruf zu gesetzgeberischer Untätigkeit verstanden werden, vielmehr bedarf es auch dann noch beträchtlicher Anstrengungen, um das Handelsgesetzbuch jedenfalls für diese Aufgabe tauglich zu machen. Mittelfristig ist demnach zwar keine grundlegende Reform, aber doch eine gründliche Novellierung des Handelsgesetzbuchs zu fordern, die im wesentlichen drei Forderungen erfüllen müßte: Erstens

---

[75] Zu den Gründen vgl. Motive zum VVG, 1907, Neudruck 1963, S. 59 f.; s. demgegenüber die Vorschläge von *Rießer*, Zur Revision des Handelsgesetzbuchs, Bd. II, 1889, S. 3 ff.

[76] Zu den Gründen vgl. *Häuser*, Empfiehlt es sich, die Beziehungen des Kunden zum Kreditinstitut – insbesondere die bankmäßige Vermittlung des bargeldlosen Zahlungsverkehrs (Giroverhältnis) – im BGB besonders zu regeln?, in: Gutachten und Vorschläge zur Überarbeitung des Schuldrechts, Bd. II, 1981, S. 1317 (1334).

[77] Die Überführung des Seehandelsrechts in eine Sonderkodifikation ist verschiedentlich gefordert worden. In den meisten Textausgaben lebt das HGB ohnedies ohne das Vierte Buch.

sollte das subjektive System konsequent fortentwickelt und der Normadressatenkreis von Relikten des objektiven Systems befreit werden;
zweitens sollten evident überflüssige HGB-Normen, die dem kodifikatorischen Anliegen Schaden bereiten, beseitigt werden[78]; drittens bedarf das
Gesetz jedenfalls solcher Korrekturen, die ihm den Charakter des Unzeitgemäßen nehmen. Wie dringend solche Gesetzgebungsarbeit erforderlich
ist, wird sogleich im Teil III der Untersuchung zu zeigen sein. Eines
jedoch sei vorweg angemerkt: Es muß nicht Schicksalsschlag oder unver-
meidbare Verschleißerscheinung sein, wenn sich ein jahrzehntealtes Gesetz als überholt erweist. Zur Kunst der Kodifikation gehört nicht nur der
Blick für das praktisch geübte Recht, sondern auch der Blick für das
Wesentliche und die Fähigkeit zur Abstraktion[79]. Im Ersten und Dritten
Buch des Handelsgesetzbuchs ist von solcher Kunst wenig zu spüren. Das
Versagen des HGB vor der Alltagspraxis demonstriert das Versagen seiner
Väter vor der Gesetzgebungsaufgabe.

---

[78] Über solche Normen vgl. *Raisch*, Die rechtsdogmatische Bedeutung (Fn. 32),
S. 483; *Karsten Schmidt*, Handelsrecht (Fn. 33), S. 390.
[79] Das Prinzip der Abstraktion bei der Tatbestandsbildung zählt als Charakteristikum sog. „Juristengesetze" (vgl. z. B. *Noll*, Gesetzgebungslehre, 1973, S. 187);
durchweg werden die Vor- und Nachteile der überindividuellen Gerechtigkeit und
der Unanschaulichkeit einander gegenübergestellt; die geringere historische Anfäl-
ligkeit abstrakt formulierter Gesetze verdient aber keine geringere Aufmerksam-
keit.

III. Das Versagen des Handelsgesetzbuchs
vor den Aufgaben einer Handelsrechtskodifikation

Der zweite Teil der hier unternommenen Kodifikationskritik konzentriert sich auf die Frage, ob das Handelsgesetzbuch den Erwartungen, die man realistischerweise an eine Handelsrechtskodifikation knüpfen darf, genügt. In grundsätzlicher Hinsicht wird hierbei die immer wieder postulierte Vorreiterrolle des Handelsrechts zu diskutieren sein (alsbald unter 1). Exemplarische Einwände gegen die Brauchbarkeit des Ersten und des Dritten Buchs werden sich anschließen (unter 2 und 3).

1. Die Vorreiterrolle des Handelsrechts
und das Handelsgesetzbuch

a) Problemstellung

Die wachsende Bedeutungslosigkeit des kodifizierten Handelsrechts steht in krassem Gegensatz zu der Vorreiterfunktion, die ihm im Verhältnis zum Bürgerlichen Recht traditionellerweise zugeschrieben wird[80]. Für *Levin Goldschmidt* und seine Schüler hatte die rechtsfortbildende Kraft des Handelsrechts geradezu noch den Rang eines Naturgesetzes[81]. Berühmt ist das Gletscherbild, mit dem *Levin Goldschmidt* die vom Handelsrecht ausgehende Dynamik versinnbildlicht[82]. Der handelsrechtliche Gletscher stellt sich in diesem Bild folgendermaßen dar: „In den unteren Regionen vereint sich sein schmelzender Firn mit den allgemeinen Niederschlägen, in den oberen findet stete neue Firnbildung statt." Uns heutigen ist eine derart naturgesetzliche Schau des Rechtssystems eher fremd, doch beruht *Goldschmidts* Formulierung der Sache nach auf Beobachtungen, die nicht durch ein schlechtes und veraltetes Gesetzeswerk einfach substanzlos werden können. Praxis und Wissenschaft des unternehmerischen Rechtsverkehrs können und werden auch in der Gegenwart und Zukunft die dem Handelsrecht zugeschriebene Vorreiterrol-

---

[80] Vgl. *Wieacker*, Privatrechtsgeschichte der Neuzeit, 2. Aufl. 1967, S. 462.

[81] Vgl. die Nachweise bei *Raisch*, Geschichtliche Voraussetzungen (Fn. 32), S. 26.

[82] *Goldschmidt*, Universalgeschichte des Handelsrechts, 1. Lfg. 1891, S. 12.

le für sich in Anspruch nehmen. Das private Bankrecht, Factoring, Leasing und viele andere Geschäfte des Handelsrechtsverkehrs üben noch heute prägenden Einfluß auf das Besondere Schuldrecht aus. Dieser Einfluß kann sogar sichtbare kodifikatorische Früchte tragen. Die aktuellen Überlegungen des Bundesministers der Justiz über eine Neuordnung des Schuldrechts[83] geben hiervon beredtes Zeugnis. Für das allgemeine Schuldrecht und selbst für den Allgemeinen Teil des Bürgerlichen Rechts gilt nichts anderes. Das Recht des Kontrahierungszwangs[84], der Vorverträge, Rahmenverträge und Sukzessivlieferungsverträge[85], das Recht der Treuhandverhältnisse[86] und manche andere Kernmaterie der Rechtsgeschäftslehre bezieht die faktischen und rechtsfortbildenden Grundlagen ganz maßgebend aus dem Handelsverkehr. Praktisches und wissenschaftliches Handelsrecht hat uns auch die Augen für die Erkenntnis geöffnet, daß die laufende Geschäftsverbindung als solche ein gesetzliches Schutzpflichtverhältnis schafft, eine Sonderverbindung also, deren Verletzung neben culpa in contrahendo und positiver Vertragsverletzung Schadensersatzpflichten praeter legem auslösen kann[87]. Selbst das AGB-Gesetz, das allerdings einen ganz und gar anderen Geist atmet als das Handelsgesetzbuch, ist eine Antwort auf unternehmerische Praktiken und schreibt Wertungen fest, die aus der Gerichtspraxis über Handelsgeschäfte, insofern also aus dem Handelsrecht, stammen.

b) Verlust der Vorreiterrolle

Das geschriebene Handelsrecht hat diese Leitbildfunktion eingebüßt. Daß dies kein Zufall sein kann, wird bei einem Blick auf die historischen

---

[83] S. hierzu „Gutachten und Vorschläge zur Überarbeitung des Schuldrechts", Bd. I und II, 1981, dazu die Aufsätze von *Alfred Wolf* und *Diederichsen*, AcP 182 (1982), 80 ff., 101 ff., sowie von *Schmude, Heinrichs, Schünemann, Lieb, Hübner* und *Denck*, NJW 1982, 2017 ff.; scharf ablehnend *Ernst Wolf*, Kein Abschied vom BGB, ZRP 1982, 1.

[84] Überblick in meinem Handelsrecht (Fn. 33), S. 394 ff.; vgl. in diesem Zusammenhang auch *Wahl*, Der Handelsverkehr als Schrittmacher des Zivilrechts, besonders bei der Einschränkung des Vertragsprinzips, in: Strukturen und Entwicklungen im Handels-, Gesellschafts- und Wirtschaftsrecht, Festschrift für Wolfgang Hefermehl, 1976, S. 1 ff.

[85] Überblick auch hierzu in meinem Handelsrecht (Fn. 33), S. 445 ff.; zur Einordnung des „letter of intent" in das Vertrags- und Schuldrecht vgl. jüngst *Marcus Lutter*, Der Letter of Intent, 1982.

[86] Vgl. hierzu *Coing*, Die Treuhand kraft privaten Rechtsgeschäfts, 1973, S. 28 ff.

[87] Überblick in meinem Handelsrecht (Fn. 33), S. 443 ff.

Kräfte erkennbar, die auf das geschriebene Handelsrecht eingewirkt haben.

aa) Zu überlegen ist einmal, aus welchem sozialen Lager das geschriebene Handelsrecht stammt. *Wieacker*, der gewiß nicht im Verdacht klassenkämpferischer Agitation steht, bezeichnet in seiner „Privatrechtsgeschichte der Neuzeit" das Handelsrecht als ein auf die Handelsfunktion zugeschnittenes Sonderrecht, das sich die bürgerliche Unternehmerklasse schuf[88]. An dieser These, über die sich lange diskutieren ließe, scheint jedenfalls eines richtig: Das geschriebene Handelsrecht trägt heute noch Züge, deren Antiquiertheit schon im 19. Jahrhundert betont wurde: Züge eines standesrechtlichen Sonderprivatrechts[89]. Das besondere Schuldrecht des HGB ist vom Unternehmer, nicht vom Verbraucher her gedacht. Ein Konsumentenschutzrecht, wie es der Rechtspolitik unserer Tage am Herzen liegt, ist ihm fremd. Dieses zunächst werturteilsfrei festzustellende Rechtsbild der Handelsgeschäfte ist an und für sich noch kein Einwand gegen ein Gesetz des Handels und wäre auch rechtspolitisch unschädlich, wenn sich die Regeln des Dritten Buchs, soweit sie den Abnehmer benachteiligen, auf beiderseitige Handelsgeschäfte beschränkten. Eben das ist aber nicht durchweg der Fall. Das Recht des Handelskaufs, das den Verkäufer um praktischer Vorteile willen eindeutig begünstigt, gilt – sieht man von der sog. Untersuchungs- und Rügepflicht ab – auch für den einseitigen Handelskauf[90]. Diese Feststellung müßte an unser rechtspolitisches Gewissen rühren, wären nicht die einschlägigen Regeln durchweg bis zur Bedeutungslosigkeit verkümmert. Eben das aber beweist nur aufs neue, daß das Gesetz auch hier den Anschluß an die Praxis des Rechtsverkehrs verloren hat. Wo ihm einst eine Vorreiterrolle zugedacht war, wird das Handelsgesetzbuch bestenfalls noch als Veteran geduldet.

bb) Aber nicht nur die Frage nach den bei der Handelsrechtskodifikation maßgebenden Kreisen, auch die Frage nach den politischen Umständen der Handelsgesetzgebung macht den Verlust der Leitbildfunktion erklärlich. Fragt man nämlich, wie denn das Allgemeine Deutsche Han-

---

[88] *Wieacker*, Privatrechtsgeschichte (Fn. 80), S. 462; zum Einfluß von Handel und Industrie auf die Entwicklung des BGB vgl. *Ursula Bähr*, Die berufsständischen Sonderinteressen und das BGB. Ein Beitrag zur Entstehungsgeschichte der Kodifikation, Diss. Heidelberg 1972, S. 61 ff.

[89] Überblick zu der Frage, ob das geltende Handelsrecht Standesrecht ist, bei *Schultze-v. Lasaulx*, Die Zukunft (Fn. 34), S. 9 f.

[90] Vgl. bereits die Kritik in meinem Handelsrecht (Fn. 33), S. 577.

delsgesetzbuch von 1861 in Anbetracht dieser rechtspolitischen Enge die ihm nachgesagte Vorreiterrolle hat ausfüllen können, so hilft eine Besinnung auf die in der Mitte des 19. Jahrhunderts wirkenden rechtspolitischen Kräfte. Der im Allgemeinen Deutschen Handelsgesetzbuch verkörperte Kodifikationsgedanke hat mehrere Gesichter. Einmal ist dies das um die Wende des 18. Jahrhunderts zum 19. Jahrhundert vielfach hervorgetretene vernunftrechtlich-rechtspositivistische Ideal[91] der geschlossenen Darstellung einer abgrenzbaren Materie[92], zum anderen lebte in der Kodifikation ein Stück Nationalstaatsidee[93]. Die Literatur der 50er Jahre des 19. Jahrhunderts zeigt immer wieder, daß das ADHGB als ein Stück Rechtseinheit wie Balsam auf den Wunden der nationalen Enttäuschung von 1848/49 empfunden wurde[94]. Die Frankfurter Nationalversammlung hatte bereits 1848 eine Kommission für die Vereinheitlichung des Handelsrechts eingesetzt[95]. Was mit dem Scheitern der Paulskirchenverfas-

---

[91] Über die geistesgeschichtlichen Grundlagen vgl. *Wieacker*, Privatrechtsgeschichte (Fn. 80), S. 323 ff., 458 ff.; *Molitor-Schlosser*, Grundzüge der Neueren Privatrechtsgeschichte, 2. Aufl. 1975, S. 45 ff.; *Schlosser*, Grundzüge (Fn. 20), S. 51 ff.

[92] Vgl. zu diesem Kodifikationsideal *Wieacker*, Privatrechtsgeschichte (Fn. 80), S. 475; *Wesenberg*, Neuere deutsche Privatrechtsgeschichte, 3. Aufl. von *Günter Wesener*, 1976, S. 143; *Bydlinski*, Arbeitsrechtskodifikation und allgemeines Zivilrecht, 1969, S. 5.

[93] *Thibaut* hatte 1814 in der klassischen Streitschrift „Über die Nothwendigkeit eines allgemeinen bürgerlichen Rechts für Deutschland" noch die politische Zersplitterung als Datum genommen (S. 7 = Abdruck in: *Thibaut und Savigny*. Ihre programmatischen Schriften, mit einer Einführung von *Hans Hattenhauer*, 1973, S. 64 f.); er hatte nur „das krause Gemisch des alten Wirrwarrs" beseitigen wollen und forderte deshalb „die Abfassung eines, der Willkühr der einzelnen Regierungen entzogenen, für ganz Deutschland erlassenen Gesetzbuchs" (S. 11 f. = ebd. S. 67).

[94] Besonders deutlich *Anschütz*, Der Entwurf eines deutschen Handelsgesetzbuchs, in: Krit. Überschau der deutschen Gesetzgebung und Rechtswissenschaft, Bd. 6, 1859, 238 ff.; die Allgemeine Deutsche Wechselordnung war sogar am 25. 11. 1848 von der Nationalversammlung als Reichsgesetz angenommen und im Reichsgesetzblatt vom 26. 11. 1848 als „Gesetz des deutschen Reichs" verkündet worden; die Frage, ob die Einzelstaaten durch diesen Beschluß der Nationalversammlung und durch die Verkündung gebunden waren, blieb nach dem Scheitern der Frankfurter Reichsverfassung str.; die meisten Staaten erledigten sie durch Separatverkündung; vgl. nur *Hahn*, Das Handelsrecht nach dem ADHGB, 1870, S. 33; *Wächter*, Das Wechselrecht des Deutschen Reichs, 1883, S. 8; *Grünhut*, Wechselrecht, Bd. I, 1897, S. 258; *Huber*, Das Reichsgesetz über die Einführung einer allgemeinen Wechselordnung für Deutschland vom 26. November 1848, JZ 1978, 785.

[95] Vgl. nur *Schlosser*, Grundzüge (Fn. 20), S. 92.

28

sung unterblieben war, wurde im erneuerten Deutschen Bund durch das ADHGB bewerkstelligt. Dies bereits macht das Bestreben verständlich, möglichst viel Bürgerliches Recht in die Handelsrechtskodifikation einzubeziehen[96]. Hinzu kommt ein weiteres: Die Einführung einheitlicher handelsrechtlicher Normen neben einem Zivilrecht, das in den Einzelstaaten gemein- und partikularrechtlich zersplittert war, war mit fragmentarischen Einzelregeln nicht zu bewältigen[97]; den Spezialregeln des Handelsrechts mußte deshalb eine einheitliche zivilistische Basis unterlegt werden. Es kann nicht verwundern, daß ein so beschaffenes Handelsgesetzbuch seiner Pionierrolle vorbildlich gerecht wurde. Zahlreiche Einzelstaaten machten sich seine integrierende Wirkung dadurch zunutze, daß ihre Einführungsgesetze ADHGB-Regeln auch dann für anwendbar erklärten, wenn keine Kaufleute beteiligt waren[98]. Rießer[99] bezeichnet diesen Prozeß in seiner 1894 erschienenen Arbeit über den „Einfluß handelsrechtlicher Ideen auf den Entwurf eines BGB" als „Kommerzialisierung des bürgerlichen Rechts"[100] – eine unglückliche Bezeichnung, denn sie paßte beispielsweise auf die Ausdehnung der sog. Wechselrechtsfähigkeit auf Nichtkaufleute[101], nicht aber auf die Erscheinungen, von denen Rießer sprach. Was Rießer als „Kommerzialisierung des bürgerlichen Rechts" bezeichnete und was vice versa von Nußbaum nach Einführung des BGB als „Dekommerzialisierung des Handelsrechts" für seine Grabrede auf den „Handelsrechtsbegriff" ausgewertet wurde[102], stellte nichts anderes dar als die Überführung virtuell bürgerlich-rechtlicher Regeln aus der für sie im

---

[96] Vgl. zu diesem Befund auch *Raisch*, Die Abgrenzung (Fn. 18), S. 131 f.

[97] *Goldschmidt*, Der Abschluß und die Einführung des allgemeinen Deutschen Handelsgesetzbuchs, ZHR 5 (1862), 204 (212 ff.); *Eichler* (Fn. 25), ZHR 126 (1964), 181 (182); *Müller-Freienfels* (Fn. 4), S. 591.

[98] Dazu auch *Raisch*, Die Abgrenzung (Fn. 18), S. 133.

[99] *Rießer*, Der Einfluß handelsrechtlicher Ideen auf den Entwurf eines bürgerlichen Gesetzbuchs für das Deutsche Reich, 1894, S. 73 ff.

[100] Zur genauen Bedeutung dieser Bezeichnung vgl. *Rießer*, Der Einfluß (Fn. 99), S. 14 f. Fn. 3; der Begriff wird bis heute fortgeschrieben; nach *Mitteis-Lieberich*, Deutsches Privatrecht, 9. Aufl. 1981, S. 154, ist der Gedanke des § 377 HGB im Zuge der „Kommerzialisierung des bürgerlichen Rechts" verallgemeinert worden: „Auch bei Nichthandelskäufen wird der Käufer oft nicht bis zur Verjährung warten dürfen, sondern alsbald reklamieren müssen." Man könnte in dieser Beobachtung ein Beispiel aktueller Vorreiterfunktion des Handelsrechts sehen, jedoch scheint fraglich, ob wirklich der Rechtsgedanke des § 377 HGB Quelle dieser Fortbildung ist.

[101] Zu dieser Kommerzialisierung des bürgerlichen Rechtsverkehrs vgl. etwa *Heck* (Fn. 59), AcP 92 (1902), 438 (448).

[102] *Nußbaum* (Fn. 61), ZHR 76 (1915), 325 (331).

Grunde nicht passenden Handelsrechtskodifikation in das allgemeine Zivilrecht.

cc) Dieser Prozeß setzte sich bei der Schaffung des Bürgerlichen Gesetzbuchs fort. Bereits nach der Forderung der Vorkommission sollten „diejenigen Rechtssätze ausgeschieden werden, welche der allgemeinen Anwendung auf den gesamten Verkehr fähig und daher zur Aufnahme in das Bürgerliche Gesetzbuch geeignet" erscheinen[103]. Unser Bürgerliches Gesetzbuch verdankt dem ADHGB und seiner integrierenden Kraft eine Fülle ausgereifter – teilweise allerdings auch im Partikular-Zivilrecht niedergelegter – Rechtsregeln. Das gilt in ganz beträchtlichem Maß für das Recht der offenen Stellvertretung[104] einschließlich der Haftung des falsus procurator[105], das gilt für den Vertragsschluß nach §§ 145 ff. BGB[106], für die Auslegungsregeln der §§ 133[107] und 157 BGB[108], für die Solidarhaftung mehrerer Vertragspartner nach § 427 BGB[109], für den Erfüllungsort[110], für die Erfüllungsgehilfenhaftung[111] und für den Schadensersatz[112].

Die Handelsrechtskodifikation, jener Gletscher von dem *Levin Goldschmidt* gesprochen hatte, spendete erprobtes, seit 1871 sogar reichsgesetzliches, Bürgerliches Recht. Gleiches können wir gerechterweise vom HGB nicht erwarten, denn indem das ADHGB seine Vorreiterrolle in bezug auf das BGB so nachhaltig ausgefüllt hatte, mußte sich ein beträcht-

---

[103] Wortlaut bei *Rießer*, Zur Revision des Handelsgesetzbuchs (Fn. 65), S. 2; *Vierhaus*, Die Entstehungsgeschichte des Entwurfs eines Bürgerlichen Gesetzbuches für das Deutsche Reich, 1888 (Nachdruck 1974), S. 51; *Goldschmidt*, Die Codification (Fn. 74), ZHR 20 (1875), 134, 139.

[104] Vgl. Art. 52 ADHGB; wegweisend dazu *Laband*, Die Stellvertretung bei dem Abschluß von Rechtsgeschäften nach dem allgemeinen Deutschen Handelsgesetzbuch, ZHR 10 (1866), 183 ff.

[105] Art. 55 und Art. 298 Abs. 2 ADHGB; vgl. auch *Rießer*, Der Einfluß (Fn. 99), S. 26.

[106] Vgl. Artt. 317 ff. ADHGB.

[107] Art. 278 ADHGB; zur Übernahme in das BGB vgl. Motive, in: *Mugdan*, Die gesammten Materialien zum BGB I, 1899, S. 437; *Rießer*, Der Einfluß (Fn. 99), S. 33.

[108] Vgl. Art. 279 ADHGB; *Rießer*, Der Einfluß (Fn. 99), S. 33.

[109] Art. 280 ADHGB.

[110] Artt. 324 ff. ADHGB; *Rießer*, Der Einfluß (Fn. 99), S. 46.

[111] Vgl. *Rießer*, Der Einfluß (Fn. 99), S. 38 f.; der Gesetzgeber des BGB konnte jedoch auf kasuistische Regeln wie Art. 400 ADHGB = § 431 HGB verzichten; vgl. Mot. in: *Mugdan* (Fn. 107) II, S. 16 f.

[112] Art. 283 ADHGB als Vorgänger der §§ 249, 252 BGB; dazu Denkschrift, in: *Mugdan* (Fn. 107) II, S. 1235.

licher Teil seiner fortbildenden Kraft erschöpfen und konnte nicht mehr in das Handelsgesetzbuch von 1897 eingehen.

Träfe die Deutung *Endemanns*[113] zu, der im Handelsrecht nur ein Symptom der Unvollkommenheit bürgerlichen Rechts sah, so müßte es geradezu der Natur der Sache entsprechen, wenn das gesetzliche Handelsrecht mit dem Inkrafttreten des Bürgerlichen Gesetzbuchs gleichsam ausgeblutet und seiner Legitimation verlustig gegangen wäre. *Endemann* war der Auffassung, Handelsrecht entstehe dadurch, daß der Handelsstand die Mängel des Bürgerlichen Rechts als erster zu überwinden trachte. Erkennbar führt eine solche Betrachtung wieder in die Grundlagendiskussion um die Berechtigung kodifizierten Handelsrechts hinein, die hier nicht nochmals aufgenommen werden soll. Ebenso erkennbar ist aber auch, warum die Beibehaltung des Handelsgesetzbuchs neben dem BGB mit einer Entkräftung des kodifizierten Handelsrechts einhergehen mußte. Da eine HGB-Reform unterblieb, das Handelsgesetzbuch vielmehr nach Herauslösung der mit dem BGB überflüssig gewordenen ADHGB-Regeln nur mehr als Rumpf-ADHGB stehenblieb, konnte die Frage nicht ausbleiben, ob dieses Gesetz überhaupt noch die – ohnedies schon beschränkten – Aufgaben einer handelsrechtlichen Kodifikation erfüllt.

c) Arbeitsrechtliche Vorreiterrolle?

Bemerkenswerterweise hat sich das Handelsgesetzbuch die Vorreiterrolle auf einem Gebiet erhalten, von dem bisher nicht die Rede war: auf dem Gebiete des Arbeitsrechts. Am deutlichsten zeigt sich dies bei den ausführlichen Regeln der §§ 74 ff. HGB über das nachträgliche Wettbewerbsverbot der Handlungsgehilfen. Auf gewerbliche Arbeitnehmer wandte das *Bundesarbeitsgericht* diese Schutzregeln anfangs nur insoweit an, als sie allgemeine Rechtsgedanken enthalten[114]. Heute behandelt es die Bestimmungen als Bestandteil des allgemeinen Arbeitsrechts[115] und wen-

---

[113] *Endemann*, Das deutsche Handelsrecht, 4. Auflage 1887, S. 11 f.; gegen ihn *Heck* (Fn. 59), AcP 92 (1902), 438 (450).

[114] *BAG*, AP Nr. 18 zu § 74 HGB (§ 74 a Abs. 1 S. 1 HGB); AP Nr. 18 zu §§ 133 f. GewO (§ 75 b HGB); AP Nr. 19 zu § 133 f. GewO (§ 75 Abs. 1 HGB); AP Nr. 18 zu § 133 f. GewO (§ 74 a Abs. 1 S. 3 HGB).

[115] In den Entscheidungen *BAG*, AP Nr. 24 zu § 611 BGB Konkurrenzklausel = NJW 1970, 626 = BB 1970, 35 = DB 1970, 63 und AP Nr. 23 zu § 133 f. GewO = *BAGE* 22, 6 = NJW 1970, 443 = BB 1970, 395 = DB 1970, 257 wurde die bisherige Annahme eines Analogieverbotes aufgegeben und durch die Annahme entsprechender Anwendbarkeit der §§ 74–75 HGB auf alle Wettbewerbsverbote ersetzt.

det sie z. B. auf die Mandantenschutzklausel der Steuerberater[116] ebenso
an wie auf nachträgliche Wettbewerbsverbote der gewerblichen Arbeitnehmer[117]. Trotz dieses bemerkenswerten Befundes will ich diesen Fragenkreis sogleich wieder verlassen, und zwar nicht – wie man argwöhnen
mag –, weil der Befund meine These widerlegen könnte, sondern weil
dieses Beispiel nur neue Schwächen des kodifizierten Rechts offenbart:
Solange nicht eine allgemeine Unternehmensrechtskodifikation angestrebt
wird, das Handelsrecht vielmehr auf das Außenprivatrecht der Unternehmen zugeschnitten bleibt[118], sind die Arbeitsrechtsnormen Fremdkörper
im HGB[119].

2. Was leistet das Erste Buch?

Meine Generalkritik des HGB ist damit zu Ende. Die zweite Hälfte der
Untersuchung wird in ausgewählten Schwerpunktproblemen bestehen, an
denen die praktische Brauchbarkeit des Handelsgesetzbuchs gemessen
werden soll. Dabei will ich mit dem Ersten Buch beginnen oder genauer:
mit Fragen des allgemeinen Außenrechts der Unternehmen, die den
virtuellen Gegenstand des ersten Buchs ausmachen[120]. Drei Sachfragen
sollen herausgegriffen werden: die unternehmerische Haftung, das Firmenrecht und die Rechnungslegung. In allen drei Punkten wird sich das
Handelsgesetzbuch als unausgewogen und als revisionsbedürftig erweisen.

a) Das Haftungsproblem

aa) Zunächst zum Problem der unternehmerischen Haftung. Ein Handelsgesetzbuch müßte die Haftung für Unternehmensverbindlichkeiten

---

[116] *BAGE* 23, 382; *BAG,* BB 1971, 268; 1972, 447; 1974, 1531; um *unmittelbare*
Anwendung geht es bei *BAG,* AP Nr. 18 zu § 74 HGB, weil dort der Gehilfe als
Angestellter einer Steuerberatungs-GmbH unter § 59 HGB fiel.

[117] *BAG,* AP Nr. 26 zu § 74 HGB; vgl. auch AP Nr. 8 zu § 74 c HGB (Anwen-
dung des § 74 c HGB auf einen Chemotechniker); s. auch, mit ausführlichen
Nachweisen, *Neumann,* in: *Landmann-Rohmer,* GewO, 13. Aufl., Stand vom
Okt. 1981, Bd. I, § 133 f. Rdnrn. 18 ff.

[118] Selbst dieses Konzept des Handelsrechts ist noch nicht gesicherter Standort,
sondern Rechtsfortbildungsziel; vgl. *Karsten Schmidt,* Handelsrecht (Fn. 33),
S. 48.

[119] Vgl. bereits meine Kritik im Handelsrecht (Fn. 33), S. 368; bemerkenswert
bereits *Nußbaum* (Fn. 61), ZHR 76 (1915), 325 (332).

[120] Vgl. Fn. 118.

ordnen, und zwar nicht nur die Haftung etwa vorhandener Gesellschafter – hier ist zu verweisen auf die §§ 128 ff. und 171 ff. HGB –, sondern zuvörderst die Haftung des Unternehmensträgers. Insofern liegt es – wenigstens rechtspolitisch – nahe, daß Unternehmensverbindlichkeiten stets mit dem Unternehmen verbunden sind. Dies wäre ganz selbstverständlich, wenn das Unternehmen nach geltendem Recht – wie dies im 19. Jahrhundert[121] und mit ganz unterschiedlichen Begründungen auch in jüngster Zeit wieder gefordert wurde[122] – juristisch personifiziert wäre. Unabhängig von der Rechtsform und unabhängig vom Wechsel des Unternehmensträgers wäre dann stets das Unternehmen selbst Schuldner aller zum Unternehmen gehörigen Verbindlichkeiten. Das geltende Recht geht diesen Weg nicht. Es bedient sich der Rechtsfigur des Unternehmensträgers, um Zuordnungszusammenhänge zwischen Rechtssubjekt und Unternehmen herzustellen[123]. Für das Haftungsproblem kann das nur bedeuten, daß Schuldner aller Unternehmensverbindlichkeiten stets der wahre Unternehmensträger ist[124]. Die Rechtsprechung wird dieser Forderung nach Kräften gerecht, wo nicht das Handelsgesetzbuch solchem Bemühen im Wege steht. So kann mit einer GmbH oder GmbH & Co. kontrahieren, wer überhaupt nichts von der Existenz dieser Gesellschaft weiß. Das Offenkundigkeitsprinzip des Stellvertretungsrechts hindert diese Annahme nicht[125]. Ihm ist genügt, wenn nur die Gesellschaft wirklich Unternehmensträgerin ist und wenn sich das Rechtsgeschäft erkennbar auf das Unternehmen bezieht.

Ein charakteristischer Anwendungsfall dieses ungeschriebenen Rechtsgrundsatzes ist das bekannte BGH-Urteil vom 18. 3. 1974[126], das als Leitentscheidung zum Firmenrecht und zur Rechtsscheinhaftung bei der

---

[121] Eingehend *Karsten Schmidt*, Zur Stellung der oHG im System der Handelsgesellschaften, 1972, S. 91 ff.

[122] Vgl. *Thomas Raiser*, Das Unternehmen als Organisation, 1969, S. 166 ff.; *Flume*, Um ein neues Unternehmensrecht, 1980, S. 25 ff.; *Schilling*, Das Aktienunternehmen, ZHR 144 (1980), 136 ff.; *Erwiderung*, a. a. O., S. 339 ff.

[123] Vgl. *Rittner*, Wirtschaftsrecht (Fn. 71), S. 125 ff.; *Karsten Schmidt*, Handelsrecht (Fn. 33), S. 61 ff., 69 ff.; *Papier*, Unternehmen und Unternehmer in der verfassungsrechtlichen Ordnung der Wirtschaft, VVDStRL 35 (1977), 56 ff.

[124] *Karsten Schmidt*, Handelsrecht (Fn. 33), S. 95 ff., 99 ff.

[125] Nach Auffassung des *BGH* liegt eine Ausnahme vom Offenkundigkeitsgrundsatz vor (*BGHZ* 62, 216, 221; 64, 11, 15 = JR 1975, 459 m. Anm. *K. Schmidt*); m. E. liegt nur eine sachgerechte Anwendung des Offenkundigkeitsgrundsatzes auf Unternehmensgeschäfte vor; vgl. Handelsrecht (Fn. 33), S. 96, 98.

[126] *BGHZ* 62, 216.

GmbH & Co. nachhaltig fortwirkt[127]. Der Beklagte, L.K., hatte sein Bedachungsunternehmen in eine GmbH & Co. KG eingebracht, in der er als Geschäftsführer der GmbH-Komplementärin fungierte. Mit alten Firmenbriefbögen, auf denen als Firma „L.K. Bedachungen" aufgedruckt war, und ohne jeden Vertretungshinweis bei der Unterschrift hatte der Beklagte Baumaterialien bestellt. Dies war ein erkennbar unternehmensbezogenes Rechtsgeschäft, das im Namen des wahren Unternehmensträgers abgeschlossen war, also im Namen der GmbH & Co., obwohl nicht einmal deren Existenz offengelegt war. Persönlich konnte L.K. nur unter Rechtsscheingesichtspunkten in Anspruch genommen werden. Bekanntlich hat der *II. Zivilsenat* eine solche Haftung seinerzeit noch verneint, weil eine abgeleitete GmbH-&-Co.-Firma ohne Rechtsformzusatz damals noch weithin anerkannt, ein die Haftung rechtfertigender Rechtsschein also nicht erzeugt war. Inzwischen entspricht die Rechtsscheinhaftung geübter Praxis.

bb) Das Handelsgesetzbuch enthält von alledem nichts. Es baut – ganz im Gegenteil – eher Hindernisse für eine sachgerechte Unternehmenshaftung auf. Für diese Haftung genügt es nämlich nicht, daß sie beim Unternehmer begründet wird, sondern sie muß auch beim Unternehmerwechsel stets den Träger des Unternehmens treffen. Die Rede ist damit von den §§ 25 und 28 HGB, die gemeinhin als völlig heterogene Regeln verstanden werden[128], nach richtiger Auffassung aber Ausdruck eines einheitlichen Prinzips der Haftungskontinuität sind[129]. Wer bei § 25 HGB von der Haftung wegen Firmenübertragung und bei § 28 HGB vom Eintritt eines Gesellschafters in das Geschäft eines Einzelkaufmanns spricht, wird freilich diesen gemeinsamen Nenner beider Bestimmungen nicht erkennen. Dieser besteht in der Haftungskontinuität bei der Übertragung von Unternehmen. Bedauerlicherweise ist der Gesetzeswortlaut nicht eben dazu angetan, diesen Grundgedanken klarzustellen. § 28 HGB beschreibt den zugrundeliegenden Tatbestand falsch. Niemand kann in das Geschäft eines Einzelkaufmanns eintreten, wohl aber kann – und hiervon spricht § 28 HGB – der Einzelkaufmann gemeinsam mit einem oder mehreren Dritten eine Personengesellschaft gründen, in welche er dann im Wege der Einzelübertragung sein Unternehmen einbringt. Damit

---

[127] Vgl. § 19 Abs. 5 HGB i. d. F. des Gesetzes v. 4. Juli 1980, BGBl. I, S. 836; zur Rechtsscheinhaftung vgl. *BGHZ* 64, 11 = JR 1975, 459 m. Anm. *Karsten Schmidt; BGH,* NJW 1981, 2747 = JuS 1982, 143 *(Karsten Schmidt).*

[128] Nachweise in meinem Handelsrecht (Fn. 33), S. 163.

[129] Dieses Prinzip habe ich eingehend entwickelt in ZHR 145 (1981), 2 ff.

regelt § 28 HGB Haftungsfolgen einer Unternehmensveräußerung und kann als Sonderfall des § 25 HGB angesehen werden. § 25 HGB spricht von der Unternehmensübertragung im allgemeinen, § 28 HGB von der Unternehmenseinbringung in eine Personengesellschaft. Eben deshalb verwundert, daß sich kaum jemand daran gestört hat, daß § 25 HGB ausdrücklich auf die Firmenfortführung abstellt, während § 28 HGB ebenso ausdrücklich auf sie verzichtet. Ich will die sonderbaren Konsequenzen an einem Beispiel verdeutlichen[130]:

Kaufmann K bringt sein Unternehmen in eine GmbH & Co. KG ein, an der er selbst als Kommanditist beteiligt bleibt. Hier ist es gleichgültig, welche Firma die GmbH & Co. erhält. In jedem Fall haftet sie nach § 28 HGB für die bisherigen Unternehmensverbindlichkeiten. Gründet dagegen derselbe Kaufmann, nach der Körperschaftssteuerreform steuerlich beraten, eine GmbH und bringt er das Unternehmen in diese Gesellschaft ein, so kann, wenn man der herrschenden Auffassung folgt, die Haftung der Gesellschaft durch Bildung einer neuen Firma, etwa einer nach § 4 GmbHG zulässigen Sachfirma, vermieden werden.

Dieser absonderliche Wertungswiderspruch wurde bisher wohl deshalb widerspruchslos hingenommen, weil kein klares Bild über die Funktion der §§ 25 und 28 HGB bestand. Ich möchte auf eine eingehende Kritik der um diese Bestimmungen kreisenden Theorien[131] verzichten und lediglich drei Thesen wiederholen, die ich an anderer Stelle ausführlich begründet habe[132]: Die §§ 25 und 28 HGB befassen sich – dies ist meine erste These – mit der Haftungskontinuität im Unternehmensrecht; sie sorgen dafür, daß Unternehmensverbindlichkeiten immer den Träger des Unternehmens treffen, und zwar auch dann, wenn der Unternehmensträger wechselt. Insbesondere durch Einbringung des Unternehmens in eine Gesellschaft können, wie § 28 HGB lehrt, die Unternehmensverbindlichkeiten nicht vom Unternehmen getrennt werden (das war die zweite These). Die dritte und entscheidende These betrifft die Firmenfrage. Die Firma ist Identitätsbezeichnung des Unternehmens. Deshalb indiziert die Beibehaltung der Firma die Identität des fortgeführten Unternehmens und damit die Haftung nach § 25 HGB, doch ist eine Haftung des Unternehmenserwerbers auch dann zu bejahen, wenn trotz fehlender Firmenfortführung feststeht, daß das Unternehmen in seiner Identität fortgeführt und nicht z. B. aus einer Zerschlagungsmasse neu aufgebaut

---

[130] Vgl. auch meine Anmerkung in NJW 1982, 1648.
[131] Erklärungstheorie, Rechtsscheintheorie und Haftungsfondstheorie.
[132] Handelsrecht (Fn. 33), S. 159 ff., sowie in dem in Fn. 129 genannten Beitrag.

ist. Obwohl ich es bei dieser knappen Verweisung auf das von mir erarbeitete, von der gegenwärtig herrschenden Auffassung allerdings kraß abweichende Haftungskonzept bewenden lassen will, soll doch kurz auf zwei neue BGH-Entscheidungen eingegangen werden, die sich just mit der Einbringung in die GmbH & Co. bzw. in die GmbH befassen. Beide verdeutlichen, wie unnötig schwer sich die Praxis, bedingt durch die Unklarheit der §§ 25 und 28 HGB, mit den Problemen der Haftungskontinuität tut.

Am 16. September 1981 hatte der *VIII. Zivilsenat* über folgenden Fall zu entscheiden[133]: Ein Herr D. von A. hatte als nichteingetragener Einzelunternehmer eine Diskothek betrieben. Er hatte das Unternehmen in eine GmbH & Co. eingebracht, die die Firma erhielt: „von A Gesellschaft mit beschränkter Haftung & Co., Gaststättenbetriebs- und Vertriebskommanditgesellschaft". Wegen alter Verbindlichkeiten wurden neben Herrn von A auch die Kommanditgesellschaft und ihre GmbH-Komplementärin verklagt. Der *VIII. Zivilsenat* prüft § 25 HGB und begründet ausführlich und umständlich, daß ein Fall der Firmenfortführung vorliegt. Dies schien ihm zweifelhaft. Herr von A hatte nämlich seinerseits nicht im Handelsregister gestanden. Als Nichtkaufmann hatte er überhaupt nicht im technischen Sinne firmiert. Die langatmige neue Firma hatte auch nur noch entfernte Ähnlichkeit mit der anfänglichen Geschäftsbezeichnung. Aber die ganze firmenrechtliche Prüfung lag neben der Sache. Zu begründen war nur, daß ein Fall des § 28 HGB vorlag[134]. Dann spielte die Firmenfortführung auch nach der herrschenden Auffassung keine Rolle.

Die neueste Entscheidung, ein Urteil des *II. Zivilsenats* vom 29. 3. 1982 ist frei von derartigen handelsrechtlichen Elementarfehlern. Die Hindernisse, die der Wortlaut der §§ 25 und 28 HGB vor einem sachgerechten Umgang mit dem Haftungsproblem aufbaut, demonstriert aber auch sie[135]: Der Metzgermeister Dr. W. war Inhaber der „W. Fleischwarenfabrik". Als das Unternehmen in eine Krise geriet, wurde es von einer GmbH übernommen, die darauf ihre Firma in „W. Fleischwarenfabrik GmbH" änderte. Dies war ein klassischer Fall des § 25 HGB. Die GmbH mußte für die Altverbindlichkeiten einstehen. Offenbar bedingt durch den Revisionsvortrag, geht aber der *Senat* auf den Einwand ein, es liege

---

[133] *BGH*, NJW 1982, 577 = JuS 1982, 465 *(Karsten Schmidt)*.
[134] Die bisherige Praxis führt zu widersprüchlichen Ergebnissen, wenn der bisherige Inhaber mangels Eintragung kein Kaufmann ist, vgl. *BGHZ* 31, 397 = JZ 1960, 320 m. Anm. *Krause* = BB 1960, 190 Nr. 1; *BGH*, BB 1960, 190 Nr. 3 m. Anm. *Tiefenbacher;* dazu meine Kritik im Handelsrecht (Fn. 33), S. 187.
[135] *BGH*, BB 1982, 882 = NJW 1982, 1647 m. Anm. *Karsten Schmidt*.

gar keine Firmenübertragung vor: die GmbH habe sich durch Satzungs-
änderung die neue Firma gegeben, nicht habe Dr. W. seine Firma auf sie
übertragen. Der *Senat* entscheidet zu Recht, daß § 25 Abs. 1 HGB auf
diesen Unterschied nicht abstellt. Er erklärt – insofern ganz im Sinne der
von mir vertretenen Auffassung – den Wechsel des Unternehmensträgers
für entscheidend. Im übrigen läßt er es mit dem Wortlaut des § 25 Abs. 1
HGB genügen, wenn das Unternehmen unter der bisherigen Firma
fortgeführt wird. Die von mir vertretene Auffassung geht insofern noch
weiter. Angenommen, die GmbH hätte ihre ursprüngliche, ganz anders
lautende Firma beibehalten, so hätte sich die Problematik zugespitzt. Die
herrschende Auffassung müßte in einem solchen Fall die Anwendung des
§ 25 HGB ablehnen. Soweit nicht ausnahmsweise § 419 BGB weiterhilft,
gestattet sie die Trennung des Unternehmens von seinen Verbindlichkeiten und gibt Raum für unseriöse Sanierungen auf Kosten der Unterneh-
mensgläubiger. Das ist rechtspolitisch untragbar. Einen Lösungsweg
weist das von mir entwickelte Modell einer lückenlosen Haftungskontinuität auch ohne Firmenfortführung, und wenn mir entgegengehalten
wird, dies alles widerspreche dem Inhalt des Handelsgesetzbuchs, so bin
ich versucht, in Anlehnung an *Hegel* zu replizieren: „Um so schlimmer
für das Handelsgesetzbuch". Die ernste Frage nach den Legitimations-
grundlagen und Grenzen richterlicher Rechtsfortbildung[136] kann freilich
nicht mit einem geflügelten Wort entschieden, hier allerdings auch nicht
ausdiskutiert werden. So beschränke ich mich auf eine an anderer Stelle
angebrachte Beobachtung[137]: Ein schlechtes Gesetz ist rechtsfortbildenden
Korrekturen durch Praxis und Literatur in stärkerem Maße ausgesetzt als
ein gutes.

b) Der Firmenschutz

aa) Damit zum zweiten Problemkreis. Das Firmenwesen gehört zu den
traditionellen Kernmaterien des Handelsgesetzbuches.

Die Flut firmenrechtlicher Gerichtsbeschlüsse belehrt uns darüber, daß
das Recht der Handelsfirma durchaus Spiegelbild der Rechtspraxis ist,
doch ist dies die kleine Münze des Handelsrechts, die mit den Gegenwartsaufgaben der Materie nicht viel zu tun hat. Das Tauziehen mit dem

---

[136] Vgl. *Larenz*, Methodenlehre der Rechtswissenschaft, 4. Aufl. 1979, S. 417 ff.;
zu den Leistungsgrenzen der Methodenlehre und zu ihrem Verhältnis zum Verfas-
sungsrecht vgl. eingehend *Wank*, Grenzen richterlicher Rechtsfortbildung, 1978.
[137] Handelsrecht (Fn. 33), S. 17.

Registerrichter darum, ob der Einzelkaufmann den Vornamen „Ed.", „Heinz" oder „Willy" statt Eduard, Heinrich oder Wilhelm in die Firma aufnehmen darf[138] oder ob der GmbH-Zusatz trotz § 3 Abs. 2 GmbHG in abgekürzter Form zulässig ist – also „GmbH" statt „Gesellschaft mit beschränkter Haftung"[139] –, dies alles sind eher Plagen als Segnungen der handelsrechtlichen Alltagspraxis, und die – gewiß notwendigen – höchstrichterlichen Entscheidungen über diese Fragen werden wohl von keiner Seite als Marksteine der Handelsrechtsentwicklung angesehen.

bb) Eher könnte man dies vom sog. Firmenschutz nach § 37 Abs. 2 HGB erwarten. Dieser sog. privatrechtliche Firmenschutz trägt seinen Namen im Grunde zu Unrecht, denn es geht nicht um Firmenschutz, sondern um privatrechtliche Firmenkontrolle[140]. Voraussetzung für den Unterlassungsanspruch nach § 37 Abs. 2 HGB ist, daß der Verletzer eine Firma unbefugt gebraucht und daß hierdurch der Kläger in seinen Rechten, nicht notwendig in seiner Firma, verletzt wird. Das *Reichsgericht* hatte hierfür noch verlangt, daß ein absolutes Recht des Klägers verletzt wird[141]. Wäre dies richtig, so ginge § 37 Abs. 2 HGB in der allgemeinen actio quasinegatoria[142] auf und wäre für die Praxis überflüssig. Der *Bundesgerichtshof* hat sich deshalb in einer Grundsatzentscheidung von 1969 von diesem engen Ausgangspunkt gelöst[143].

Im Fall des BGH klagte ein Makler gegen einen nicht promovierten Konkurrenten, der mit „Dr. S. & Co." firmierte. Diese Firmenführung verstieß gegen den Grundsatz der Firmenwahrheit. Die entscheidende Frage, ob der Kläger in seinen Rechten verletzt war, beantwortete der *Bundesgerichtshof* unter Zugrundelegung einer im Schrifttum vertretenen

---

[138] *BGHZ* 30, 388 („Ed. S." unzulässig); *BGH*, BB 1980, 69 („Heinz H." unzulässig); *KGJ* 23 A 205 und *KG*, JW 1925, 1416 (kontrovers zur Abkürzung „Willy").

[139] *BGHZ* 62, 230.

[140] Treffend *Würdinger* in Großkomm. HGB (Fn. 35), § 37 Anm. 2.

[141] *RGZ* 114, 90 (93 f.); 132, 311 (316); *RG*, JW 1902, S. 27 Nr. 20; 1913, S. 435 Nr. 12; *Bußmann*, Name, Firma, Marke, 1937, S. 154; *Riehle*, Zur Kollision von Firma und Warenzeichen, ZHR 128 (1966), 1 (4); ebenso im Ergebnis noch *Würdinger* in Großkomm. HGB (Fn. 35), § 37 Anm. 25.

[142] Dazu *W. Siebert*, Das Namensrecht im Verhältnis zum Firmen-, Warenzeichen- und Wettbewerbsrecht, BB 1959, 641 (642); *Baumbach-Duden-Hopt*, HGB, 24. Aufl. 1980, § 37 Anm. 3 B; vgl. auch die Darstellung des materiellen Firmenschutzes bei *Würdinger* in Großkomm. HGB (Fn. 35), § 37 Anm. 30 ff.

[143] *BGHZ* 53, 65 (70) = LM Nr. 5 zu § 22 HGB m. Anm. *Stimpel* = GRUR 1970, 320 m. Anm. *Droste* = BB 1970, 318 m. Anm. *Wessel*; zust. z. B. *OLG Hamburg*, BB 1973, 1456.

Auffassung[144], wonach es ausreicht, wenn der auf Unterlassung klagende Teil darlegt und im Streitfall beweist, er sei unmittelbar in rechtlichen Interessen verletzt. Einen Wettbewerber sieht der *Bundesgerichtshof* stets als in diesem Sinne verletzt an. Diesem Wandel der Rechtsprechung ist zuzustimmen. Ganz wie im Fall des § 42 Abs. 2 VwGO ist der Streit um Rechtsschutz und Interessenschutz[145] auch bei § 37 Abs. 2 HGB in dem Sinne zu beantworten, daß rechtserhebliches Betroffensein genügt[146]. Nicht quivis ex populo, wohl aber jeder rechtserheblich Betroffene kann nach § 37 Abs. 2 HGB auf Unterlassung klagen. Wäre dies anders, so müßte ihm ein gerichtlich durchsetzbarer Anspruch auf Einschreiten des Registergerichts zugebilligt werden[147], und der wird ihm gerade versagt[148]. Der privatrechtliche Schutz gegen unzulässigen Firmengebrauch ergänzt damit das registerrechtliche Aufsichtsinstrumentarium. Es geht, wie es der *Bundesgerichtshof* ausdrückt, darum, die Durchsetzung des materiellen Firmenrechts[149] in einem sachgerechten Umfang auch der privaten Initiative zu überlassen.

Nachdem es nun dem *Bundesgerichtshof* so um die Effektivität des § 37 Abs. 2 HGB zu tun ist, könnte man in dieser Bestimmung ein Stück praktikablen Unternehmensschutzes erblicken. Bei Nähe besehen erweist sich indes, daß gerade der deliktsrechtliche Unternehmensschutz im Handelsgesetzbuch restlos vernachlässigt ist. Nicht von ungefähr stellt die Wettbewerbsliteratur den § 37 Abs. 2 HGB als nahezu bedeutungslos

---

[144] Vgl. bereits *Düringer-Hachenburg,* HGB, 1. Aufl. 1899, § 37 S. 141 sub 3.; weitere Nachweise bei *BGHZ* 53, 65 (70).

[145] Kritische Analyse bei *Karsten Schmidt,* Kartellverfahrensrecht – Kartellverwaltungsrecht – Bürgerliches Recht, 1977, S. 428 ff.

[146] *Karsten Schmidt,* Handelsrecht (Fn. 33), S. 287.

[147] Auf diesen Zusammenhang wird treffend hingewiesen von *Stimpel,* LM Nr. 5 zu § 22 HGB unter 3.

[148] *RGZ* 132, 311 (314); a. M. noch *BayObLG,* LZ 1922, 31 f.; JFG 1, 188 f.; neben der Problematik des subjektiven öffentlichen Rechts tritt hier die der Rechtsschutzform auf; nach h. M. gibt es keine Verpflichtungsbeschwerde im FGG; vgl. *KG,* Rpfleger 1971, 180; *Lindacher,* Untätigkeitsbeschwerde im Verfahren der Freiwilligen Gerichtsbarkeit?, DRiZ 1965, 198; bejahend *Kissel,* Gibt es eine Untätigkeitsbeschwerde im Rahmen des Verfahrens der Freiwilligen Gerichtsbarkeit?, ZZP 69 (1956), 3; vermittelnd *Keidel-Kuntze-Winkler,* FGG, 11. Aufl., Teil A 1978, § 19 Rdn. 37; *Bassenge-Herbst,* FGG, 3. Aufl. 1981, § 19 Anm. I 2 a; *Lindacher,* Beschwerde wegen Nichtbescheidung im Verfahren der Freiwilligen Gerichtsbarkeit, FamRZ 1973, 433.

[149] Der *BGH* spricht, offenbar bedingt durch die konkrete Fallkonstellation, pars pro toto von der „Durchsetzung der Firmenwahrheit".

hin[150]. Auch der *Bundesgerichtshof*[151] will die Wirksamkeit dieser Norm nur für den seltenen Fall sicherstellen, daß der Betroffene die Voraussetzungen der §§ 1, 3 und 13 UWG nicht darlegen und beweisen kann. Im übrigen hat der privatrechtliche Unternehmensschutz außerhalb des HGB seinen Platz gefunden: teils in Gestalt von Spezialnormen, teils in Gestalt rechtsfortbildender Erweiterung des Deliktrechts.

c) Das Rechnungslegungsproblem

Kurz ein paar Worte zum Fragenkreis der Rechnungslegung. Was das HGB über die Rechnungslegung regelt – also über Handelsbücher, Handelsbriefe, Inventar, Bilanz und Gewinn- und Verlustrechnung – muß als kläglich bezeichnet werden. Sieht man von den Detailänderungen durch das Erste Gesetz zur Bekämpfung der Wirtschaftskriminalität[152] und von der rein technischen Änderung aus Anlaß der Abgabenordnung 1977[153], ab, so befindet sich das im Handelsgesetzbuch niedergelegte Recht der Rechnungslegung auf dem Stand des 19. Jahrhunderts. Für Flexibilität, aber auch für rechtspraktisches und rechtsmethodisches Rätselraten, sorgt die Verweisung auf die Grundsätze ordnungsmäßiger Buchführung in § 38 Abs. 1 HGB. Vor dem Hintergrund eines zersplitterten Rechts der unternehmerischen Rechnungslegung kann das Gesetz den Ordnungsaufgaben einer Kodifikation so nicht mehr genügen. Ungeachtet des anhaltend heftigen Streits um die Einzelregelungen des künftigen Bilanzrechts ist es deshalb zu begrüßen, wenn der im Februar vorgelegte Regierungsentwurf eines Bilanzrichtlinie-Gesetzes[154], weit über die Mindestvorschriften der 4. EG-Richtlinie hinaus, allgemeine Rechnungslegungsvorschriften aufstellt. In diesem Zusammenhang erweist sich der Entwurf als ein Stück lebendiger Kodifikationsidee.

3. Was leistet das Dritte Buch?

Das Dritte Buch ist Hauptgegenstand des Streits um die grundsätzliche Berechtigung eines kodifizierten Handelsrechts[155]. Um nicht auf diesen

---

[150] Vgl. nur *Baumbach-Hefermehl*, Wettbewerbsrecht, 13. Aufl. 1981, § 16 UWG Rdn. 6.
[151] BGHZ 53, 65 (70).
[152] Vgl. oben Fn. 46.
[153] §§ 38 Abs. 2, 39 Abs. 2 a, 43, 44, 47 a HGB; §§ 141 ff. AO; vor allem Berücksichtigung von EDV und Mikrofilm.
[154] BR-Drucks. 61/82.
[155] Dazu oben Fn. 25.

Streitpunkt zurückzukommen, vielmehr die innere Unausgereiftheit unserer Handelsrechtskodifikation deutlich zu machen, wird die folgende Kritik des Rechts der Handelsgeschäfte diejenigen Bereiche ausblenden, die nichts anderes darstellen als blasse Modifikationen allgemeiner schuldrechtlicher Regeln, wie etwa das Recht des Handelskaufs, das Fixgeschäft, das Zurückbehaltungsrecht u. a. m. Auch das willkürlich scheinende Sammelsurium der gesetzlich geregelten Handelsgeschäfte soll nicht neuerlich an der Praxis des Rechtsverkehrs gemessen werden. Vielmehr soll – die grundsätzliche Unentbehrlichkeit der im dritten Buch geregelten Normenkomplexe ebenso unterstellt wie die richtige Auswahl des Stoffes – anhand exemplarischer Regelungen geprüft werden, ob der Gesetzgeber der ihm auferlegten kodifikatorischen Aufgabe gerecht geworden ist. Für eine solche Differentialdiagnose eignen sich vor allem diejenigen Materien, deren Ansiedelung außerhalb des Bürgerlichen Gesetzbuchs wohl am wenigsten in Zweifel gezogen wird: das Recht der Absatzmittler und das Transportrecht.

a) Vertriebssysteme und sonstige Absatzmittlersysteme

Wenn – wie festgestellt – der Warenhandel unzeitgemäßen Vorrang im Handelsgesetzbuch in Anspruch nimmt, so besagt das noch nicht, daß wenigstens dieser Bereich sach- und zeitgemäß geregelt wäre. Die Standortlosigkeit des Gesetzes im Grundsätzlichen und seine rechtstatsächliche Antiquiertheit im Detail zeigt sich auch hier. Die Standortlosigkeit spricht schon aus dem äußeren Bild des Handelsgesetzbuches: Handelsvertreter und Handelsmakler sind als „selbständiges Hilfspersonal des Kaufmanns" dem ersten Buch einverleibt, der Kommissionär steht dagegen im Dritten Buch. Ich möchte nun nicht der systematischen Frage nachgehen, wo eine sachgerechte Ordnung des Rechts der Vertriebssysteme im Gesetz ihren Platz hätte[156], vielmehr will ich mich einem viel handgreiflicheren Mangel zuwenden: der Lückenhaftigkeit des Gesetzesrechts. Der Gesetzgeber von 1897 hat – Bedürfnissen der Praxis folgend – das Handelsvertreterrecht in das Handelsgesetzbuch aufgenommen, aber er hat es dabei an systematischer Klarheit ebenso fehlen lassen wie an korrekter Aufnahme des tatsächlichen Befundes. Statt das Grundsätzliche der Absatzmittler-

---

[156] Vgl. dazu namentlich *Schmidt-Rimpler*, Vorbemerkung zu: Der Handlungsagent, in: Ehrenbergs Hdb. V/1, 1928, S. 3; zum Standpunkt des Verf. vgl. Handelsrecht (Fn. 33), S. 565 ff.

verhältnisse zum Ausdruck zu bringen und den Vermittlungs- oder Abschlußvertreter des heutigen § 84 HGB nur als typische Spielart des Absatzmittlers auszuprägen, hat er den Handelsvertreter als den selbständigen Absatzmittler schlechthin angesehen und ihn vor allem in begrifflichen Gegensatz zum Kommissionär zu stellen gesucht[157]. Daß diese Gegenüberstellung weder begrifflich noch rechtstatsächlich überzeugt, hat namentlich *Arthur Nußbaum* herausgearbeitet[158]. In der Tat liegt das nach Auffassung der Reichstagskommission unterscheidende Merkmal „ständig betraut" auf einer anderen Begriffsebene als die in Wahrheit allein unterscheidenden Merkmale der Vermittlung bzw. des Abschlusses im fremden Namen auf der einen und des Verkaufs im eigenen Namen auf der anderen Seite (§§ 84, 383 HGB):
Die dauernde Einbindung in eine anbietende Tätigkeit am Markt ist das zentrale und wesentliche Element der Waren- und Leistungsmittlersysteme; die Technik der Aufgabenerfüllung – im Fall des Handelsvertreters die Vermittlungs- oder Vertretertätigkeit – betrifft dagegen nur Modalitäten der Absatzmittlung. Hätte der Gesetzgeber von 1897 hinreichend genau zwischen dem Grundsätzlichen und den bloßen Modalitäten der Agententätigkeit unterschieden, hätte er also seinem kodifikatorischen Auftrag Genüge getan, so wäre eine Regelung entstanden, die sich an der Entwicklung moderner Vertriebssysteme bewährt hätte. Das mit dem Handelsvertreterrecht vorgelegte Stückwerk kann solchen Anforderungen nicht genügen. Es gibt deutliche Indizien dafür, daß dieser Mißgriff bei gehöriger rechtstatsächlicher Bestandsaufnahme hätte vermieden werden können. Bereits kurz nach dem Inkrafttreten des Handelsgesetzbuchs befaßten sich Praxis und Lehre ausführlich mit dem Institut des Kommissionsagenten, der – wie ein Handelsvertreter – ständig mit dem Vertrieb betraut ist, diesen jedoch – wie ein Kommissionär – im eigenen Namen durchführt[159]. Selbst für die ADHGB-Zeit sind Kommissionsagentenfälle

---

[157] Vgl. nur *Koller* in Großkomm. HGB, 3. Aufl., V/1, 1980, § 383 Anm. 7, 8; zur Geschichte vgl. auch *Hans-Achim Castan,* Probleme des Provisionsanspruchs nach neuem Handelsvertreterrecht, Diss. Hamburg, 1956, S. 1 ff.; *K. H. F. Schröder,* Entwicklung und Bedeutung der zwingenden Normen im Recht der Handelsvertreter, Diss. Göttingen, 1956, S. 10 ff.

[158] *Nußbaum,* Tatsachen und Begriffe im deutschen Kommissionsrecht, 1917, S. 43 mit Hinweis auf RGZ 69, 363 ff.

[159] Vgl. nur RGZ 69, 364; RG, JW 1912, 73; OLG Rostock, OLGE 19, 401; *Nußbaum,* Tatsachen (Fn. 158), S. 41 f.; *Wüstendörfer,* Der Handlungsagent als deutscher und ausländischer Rechtstypus, ZHR 58 (1906), 118 (133 f.).

nachweisbar[160]. Die hiernach vermeidbare und jedenfalls unsachgemäße Begrenzung des Handelsvertreterrechts auf die Vermittler und die offenen Stellvertreter konnte nicht ohne Folgen für die Praxis bleiben. Seit sich zwischen Eigenhändler-, Kommissions- und Handelsvertreterverhältnissen das Vertragshändlersystem, die Kommissionsagentur und das Franchising angesiedelt haben[161], stellt sich die Frage, inwieweit Regeln des Handelsvertreterrechts auf diese Vertriebsunternehmer angewandt werden können[162]. Analogiebildung muß hier die fehlende Grundlagenarbeit des Gesetzgebers ersetzen. Neben der jüngst wieder bejahten[163] analogen Anwendbarkeit des § 89a Abs. 2 HGB – Schadensersatz bei fristloser Kündigung – liegt bekanntlich das Hauptproblem bei dem Ausgleichsanspruch nach § 89b HGB. Zu den ohnedies schon beträchtlichen Schwierigkeiten, mit denen die Praxis im Umgang mit dieser Norm belastet ist, tritt die ganz elementare Frage hinzu, unter welchen Voraussetzungen Absatzmittler, die keine Handelsvertreter sind, an den Segnungen des Ausgleichsanspruchs teilhaben können. *Sandrock*[164], der die einschlägige Rechtsprechung eingehend analysiert hat, charakterisiert das unstete Hin und Her mit der Überschrift: „Der Bundesgerichtshof auf den Spuren von Odysseus." Die Schwierigkeiten hängen nicht zuletzt damit zusammen, daß das Schutzprinzip dieser Bestimmung umstritten geblieben ist. Nach h. M. liegt keine bloße Billigkeitsregelung und auch keine sozial indizierte Schutznorm vor, sondern eine – allerdings stark von Billigkeitsgesichtspunkten beeinflußte – Kapitalisierung der noch ausstehenden Vergütungen[165]. Um so mehr mußte die anfängliche Rechtsprechung des *II. und VII. Zivilsenats* verwundern, die ein besonderes Schutzbedürfnis des

---

[160] *RG,* JW 1895, 481 Nr. 2; auch *Grünhut,* Das Recht des Commissionshandels, 1879, S. 64, der prinzipiell von einer begrifflichen Trennung ausging, betonte, daß sich Kommissionäre und Agenten im praktischen Verkehrsleben nicht als streng getrennte Gruppen gegenüberstehen.

[161] Grundlegende rechtstatsächliche und dogmatische Bestandsaufnahme bei *Ulmer,* Der Vertragshändler, 1969; jüngst auch bei *Ebenroth,* Absatzmittlungsverträge im Spannungsverhältnis von Kartell- und Zivilrecht, 1980, S. 25 ff., 199 ff.; Überblick in meinem Handelsrecht (Fn. 33), S. 565 ff.

[162] Dazu vgl. neben den in Fn. 161 genannten Arbeiten auch die, in den Erträgen freilich blasse, Untersuchung von *Evans-von Krbek,* Die analoge Anwendung der Vorschriften des Handelsvertreterrechts auf die Vertragshändler, 1976.

[163] *BGH,* WM 1982, 429 (430); zuvor *BGH,* LM Nr. 8 zu § 89a HGB = NJW 1967, 825 (826).

[164] *Sandrock,* Der Ausgleichsanspruch des Vertragshändlers: der Bundesgerichtshof auf den Spuren von Odysseus, in: Festschrift Rob. Fischer, 1979, S. 657.

[165] Überblick in meinem Handelsrecht (Fn. 33), S. 556.

Vertragshändlers verlangte[166], wobei der *VII. Zivilsenat* nur denjenigen Vertragshändler als schutzwürdig bezeichnete, der den Geschäftsbetrieb ohne erheblichen eigenen Kapitaleinsatz führt[167]. Dieses vor allem im Automobil- und Maschinenbereich außerordentlich restriktive Kriterium wurde von dem inzwischen zuständigen *I. Zivilsenat* aufgegeben[168]. Aber die Schwierigkeiten sind dadurch nicht geringer geworden, denn es fragt sich, wann eine der Handelsvertretung analoge Situation vorhanden ist: Der Handelsvertreter ist selbst niemals Vertragspartner der Kunden, so daß der von ihm geworbene Kundenstamm im Rechtssinne selbstverständlich ein Kundenstamm des Unternehmers ist[169]. Der Vertragshändler dagegen handelt im eigenen Namen. Wann also kann man sagen, daß die Vorteile des Kundenkreises, die der Hersteller nach dem Ausscheiden des Vertragshändlers hat, vom Vertragshändler herrühren? Der *Bundesgerichtshof* unterscheidet ganz formalistisch: Behält der Hersteller den Kundenstamm aufgrund der „Sogwirkung der Marke", so kommt ein Ausgleichsanspruch nicht in Betracht[170]; anders dagegen, wenn der Vertragshändler zur Übertragung des Kundenkreises verpflichtet ist[171]. Diese bereits von anderen Autoren angezweifelte Unterscheidung[172] halte ich für falsch[173] und habe darin bisher vereinzelt – immerhin auch beim *Kammergericht* und bei dem *OLG Hamburg* – Gefolgschaft auch in der Praxis gefunden[174]: Grundlage des Vertragshändlerverhältnisses ist die Eingliederung in die Vertriebsorganisation. Obwohl der Vertragshändler im eige-

---

[166] *BGHZ* 29, 83 (88); 34, 282.

[167] *BGHZ* 34, 282; s. auch *BGH*, BB 1962, 543.

[168] *BGHZ* 68, 340.

[169] Vgl. hierzu auch *Brüggemann* in Großkomm. HGB (Fn. 35), § 89 b Anm. 1; *G. Schröder*, Wettbewerbsbeschränkende Wirkung der Ausgleichsleistung?, DB 1964, 323.

[170] *BGHZ* 29, 83 (90); 34, 282 (286); 68, 340 (349); *BGH*, VersR 1961, 401 (402).

[171] *BGHZ* 29, 83 (89); 34, 282 (286); 68, 340 (343); *BGH*, VersR 1959, 787 f.; 1961, 401 (402); LM Nr. 21 zu § 89 b HGB = NJW 1964, 1952; LM Nr. 34 a zu § 89 b = BB 1969, 2124; NJW 1981, 1961.

[172] Vgl. namentlich *Sandrock*, Der Ausgleichsanspruch (Fn. 164), S. 674 ff.; *G. Schröder*, Zum Ausgleichsanspruch des Eigenhändlers (Vertragshändlers), BB 1961, 809* (810); *Kreifels-Lang*, Der Ausgleichsanspruch des Vertragshändlers, NJW 1970, 1769 (1770).

[173] *Karsten Schmidt*, Kundenstammüberlassung und „Sogwirkung der Marke": taugliche Kriterien für den Ausgleichsanspruch des Vertragshändlers?, DB 1979, 2357; s. auch Handelsrecht (Fn. 33), S. 573.

[174] Vgl. mit Unterschieden im einzelnen *KG*, NJW 1981, 2823 (2824); *OLG Hamburg*, DB 1980, 972; *Ebenroth* (Fn. 161), S. 207.

nen Namen verkauft, ist doch sein Kundenstamm regelmäßig zugleich Kundenstamm des Herstellers. Nicht eine Übertragung des Kundenstamms, sondern die Kontinuität des Kundenstamms muß daher den Ausschlag geben. Hat der Vertragshändler einen Kundenstamm geschaffen, der nun dem Hersteller verbleibt, so ist dies ohne weiteres ein Anwendungsfall des § 89 b HGB. Erst im Rahmen der Billigkeitsprüfung ist – ganz wie beim Handelsvertreter – zu untersuchen, inwieweit die „Sogwirkung der Marke" den Aufbau des Kundenstamms erleichtert hat. Es ist zu hoffen, daß der *Bundesgerichtshof* alsbald die Gelegenheit wahrnimmt, seinen Standpunkt in dieser Frage zu überprüfen. Unrichtig aber – und dies ist im vorliegenden Zusammenhang die entscheidende Feststellung – wäre es, die Gerichte für die im Recht der Absatzmittler eingetretene Rechtsunsicherheit verantwortlich zu machen. Dieser unbefriedigende Zustand ist vielmehr das Ergebnis schlechter Gesetzgebungsleistung, wie sie von manchen als ein Spezifikum unserer Tage angesehen wird.

b) Transportrecht

Ich habe versprochen, noch kurz auf das Frachtrecht der §§ 425–452 HGB einzugehen. Von dem in diesen Bestimmungen niedergelegten Recht kann vollends gesagt werden, daß es nur mehr im Saale stattfindet: im Hörsaal. Die – soweit ich sehe – bedeutsamste Entscheidung zu diesem Bereich[175] hat bezeichnenderweise negativen Inhalt: Der *Bundesgerichtshof* hat im Jahr 1967 ausgesprochen, daß die in § 430 HGB geregelte Haftungsbeschränkung *nicht* (!) auch für Ansprüche gegen den Frachtführer aus unerlaubter Handlung gilt[176]. Für das Gesamtbild sei ein Satz

---

[175] Erhebliche Bedeutung hat dagegen im Spediteursrecht die Auslegung der §§ 412, 413 HGB; vgl. zu § 412: *BGHZ* 38, 150; *BGH*, NJW 1972, 866; 1972, 1003; DB 1976, 1149; zu § 413: *BGHZ* 83, 87 = NJW 1982, 1818 m. Anm. *Merz* = VersR 1982, 699; *BGH*, VersR 1982, 845; *OLG Hamburg*, VersR 1979, 814; 1980, 1075; weitere Nachweise bei *Merz*, Die Haftungsproblematik im Spediteurs- und Frachtführerrecht, VersR 1982, 213.
[176] *BGHZ* 46, 140; zust. *Capelle-Canaris*, Handelsrecht, 19. Aufl. 1980, S. 214; *Baumbach-Duden-Hopt* (Fn. 142), § 429 Anm. 1 B; *Schlegelberger-Geßler*, HGB, 5. Aufl., Bd. VI, 1977, § 430 Rdn. 2 b; *Emmerich*, Beschränkte Vertragshaftung und konkurrierende Ansprüche aus unerlaubter Handlung im Frachtrecht – BGHZ 46, 140, JuS 1967, 345; *Georgiades*, Anmerkung zu BGHZ 46, 140, JZ 1967, 446; abl. *Helm*, Haftung für Schäden an Frachtgütern, 1966, S. 301 ff.; *ders.* in Großkomm. HGB, Bd. V/2, 1982, § 429 Anm. 90 ff.; *Schlechtriem*, Vertragsordnung und außervertragliche Haftung, 1972, S. 361 ff.; *ders.*, Deliktsansprüche und die Sonderordnung der Haftung aus Fracht- und ähnlichen Verträgen, ZHR 133 (1970), 105 ff.

aus der Kommentierung von *Johann Georg Helm*[177] zitiert: „In keinem praktischen Fall können Vorschriften des HGB-Landfrachtrechts ohne weiteres angewandt werden." Dieser für den mit dem Transportrecht weniger Vertrauten wohl überraschende Befund findet seinen Grund in der Atomisierung des Frachtrechts, dessen Inhalt aus den §§ 425–452 HGB nicht mehr zuverlässig ablesbar ist. Der Normenkatalog des Rechts der Beförderungsgeschäfte ist nur noch schwer übersehbar. Ich nenne nur: das Personenbeförderungsgesetz, die Eisenbahn-Verkehrsordnung, die §§ 453 ff. (Güterverkehr mit Eisenbahnen), §§ 556 ff. (Seefrachtrecht), §§ 664 ff. HGB (Personenbeförderung auf See), das Luftverkehrsgesetz, das Warschauer Abkommen, das Güterkraftverkehrsgesetz, die Kraftverkehrsordnung von 1936, das CMR-Übereinkommen über den Beförderungsvertrag im internationalen Straßengüterverkehr und das Binnenschiffahrtsgesetz. Für §§ 425 ff. HGB bleibt im wesentlichen der überholte Verkehr mit Pferdefuhrwerken übrig, und auch dies nur, wenn der Frachtführer nicht auf die ADSp verweisen kann[178]. Fragt man, wie es zu dieser Zersplitterung kommen konnte, so stellt sich heraus, daß sie nicht neu ist[179], sich allerdings fortwährend verstärkt hat. Zwei zentrifugale Kräfte treiben die Einzelmaterien des Transportrechts immer weiter auseinander. Zum einen ist dies die anhaltende Tendenz zur Verselbständigung der unterschiedlichen Transportmittel. Rechtspolitik wird auf dem Transportsektor stets unter Beteiligung von Interessengruppen und deshalb Schritt für Schritt, bezogen auf die je einzelnen Transportmittel, betrieben. Auch der Anbruch des Containerzeitalters und die zunehmenden Probleme des multimodalen Transports haben an dieser Entwicklung grundsätzlich noch nichts zu ändern vermocht, denn hier wird die Rechtszersplitterung nicht in ihrem Kern, sondern nur in ihren Rechtsfolgen bekämpft[180]. Hinzu kommt die Wirkung internationalen Einheitsrechts. Dieses wird schrittweise in zäher Konferenzarbeit ausgehandelt.

---

[177] *Helm* in Großkomm. HGB (Fn. 176), § 425 Anm. 1.

[178] *Schlegelberger-Geßler* (Fn. 176), § 425 Rdn. 1.

[179] Vgl. nämlich schon *Pappenheim*, Das Transportgeschäft nach dem Entwurf eines Handelsgesetzbuchs mit Ausschluß des Seehandelsrechts, 1896, S. 5 ff.; *Rundnagel*, in: Ehrenbergs Hdb. des gesamten Handelsrechts, Bd. V/2, 1915, S. 111 f.

[180] Vgl. dazu das TCM-Abkommen (Text und eingehende Darstellung bei *Ganten*, Die Rechtsstellung des Unternehmers des kombinierten Verkehrs..., 1978) und das von der UNCTAD verabschiedete Übereinkommen über den internationalen multimodalen Gütertransport (Wortlaut in: Europäisches Transportrecht 1980, 490; dazu u. a. *Herber*, VN-Übereinkommen über den internationalen multimodalen Gütertransport, HANSA 1980, 950).

Mit seiner *international* integrierenden Funktion geht deshalb typischerweise eine *materiell* zersplitternde Wirkung einher. Der Glücksfall des ADHGB – internationales Einheitsrecht[181] in Gestalt eines Kodifikationswerks – läßt sich ohne den politischen Hintergrund des Deutschen Bundes nach 1848 kaum wiederholen, weshalb international vereinheitlichtes Frachtrecht wohl auch in Zukunft nur in Form von Einzelabkommen erarbeitet werden wird. Die Umsetzung in eine Kodifikation, in der auch einheitliche materiale Grundlagen herausgestellt werden, ist damit schwierig, nicht allerdings schlechthin unmöglich geworden. *Rolf Herber* – gewiß der namhafteste Sachkenner im Bundesjustizministerium – hat sich trotz der geschilderten Schwierigkeiten für eine Kodifizierung des Frachtrechts, sei es im HGB oder in einem einheitlichen Frachtgesetz, ausgesprochen[182]. Das läßt für die handelsrechtliche Kodifikationsidee hoffen, wenngleich sich die Sachprobleme nach meinem Urteil hoch türmen. Eine kodifikatorische Bewältigung des Transportrechtsproblems kann nur gelingen, wenn man sich auf allgemeine Grundlagen des Frachtrechts besinnt, für die unsere §§ 425 ff. HGB möglicherweise heute noch richtungweisend sein könnten. Eine Rückbesinnung auf Leitbilder des Transportrechts wäre nicht zuletzt im Hinblick auf die Anwendung des § 9 AGBG von hohem Wert[183]. Die allgemeinen Haftungsgrundlagen[184] und die Rechtsstellung des Empfängers[185] sind Beispiele für solche Kernmaterien des allgemeinen Transportrechts. Es wird jedoch schwer sein,

---

[181] Das ADHGB war, was wir Internationales Einheitsrecht nennen; treffend schon die Charakterisierung durch das *Großherzogl. sächs. Appellationsgericht zu Eisenach* v. 5.11.1866, Buschs Arch. 10 (1867), 484: „Das allg. d. H.-G.B. sei allerdings nicht von der früheren Bundesbehörde als Bundesgesetz promulgiert, sondern in den einzelnen deutschen Staaten von den in demselben bestehenden gesetzgebenden Gewalten erlassen worden und es erscheine dasselbe *insofern* formell nur als particuläre Rechtsquelle; allein das gedachte Gesetzbuch verdanke seine Entstehung dem Bedürfniße nach Ausgleichung der territorialen Gegensätze in der handelsrechtlichen Legislation und dem Streben nach Herstellung einer Einheit und internationalen Rechtsgleichheit auf dem Gebiete des Handelsrechts innerhalb der sämmtlichen vormaligen deutschen Bundesstaaten."

[182] *Herber*, Empfiehlt sich eine Kodifizierung des deutschen Transportrechts?, JZ 1974, 629; *ders.* (Fn. 50), ZHR 144 (1980), 47 (71).

[183] Vgl. zur Inhaltskontrolle von Transport- und Konnossementsbedingungen *BGHZ* 71, 167; 82, 162 = NJW 1982, 992; *BGH*, VersR 1980, 40; *König*, Auswirkungen des AGB-Gesetzes auf die in der Binnenschiffahrt gebräuchlichen Konnossementsbedingungen, in: *Herber* u. a., Probleme des Binnenschiffahrtsrechts II, 1979, S. 5 ff.

[184] Dazu grundlegend *Helm*, Haftung (Fn. 176), passim.

[185] Dazu zuletzt *BGHZ* 82, 162 = NJW 1982, 992.

eine konsolidierte normative Basis zu finden, denn zum einen muß eine Handelsrechtskodifikation sicher auf den Grundlagen einer hochentwikkelten nationalen Zivilrechtsordnung ruhen, und zum anderen setzt eine Bändigung des durch internationales Einheitsrecht geprägten Rechtsstoffes voraus, daß allgemein-frachtrechtliche Grundlagen aus dem komplizierten Normengeflecht herausdestilliert werden, die einer Transportrechtskodifikation zugrundegelegt werden können und in der Lage sind, auch Änderungen und Neuerungen im internationalen Einheitsrecht zu bewältigen, etwa so, wie die sog. Haager Regeln durch das 1937 erlassene Gesetz zur Änderung von Vorschriften des Handelsgesetzbuchs über das Seefrachtrecht in das Vierte Buch des HGB eingefügt wurden[186]. Das ist, wie eben jenes Gesetz von 1937 zeigt, nicht prinzipiell ausgeschlossen. *Guetschow*, der im Jahr 1911 eine „Reform und Vereinheitlichung des Seerechts durch Rückkehr zum allgemeinen Frachtrecht" forderte, hielt die Verwirklichung eines solchen Plans für möglich: Grundlage müsse ein allgemeines Frachtrecht sein, welches in allen wesentlichen Punkten ein einheitliches, allen Völkern gemeinsames sei[187]. Seither sind die Verhältnisse nicht einfacher geworden. Sollte indes der von *Herber* erwogene Plan Gestalt gewinnen, so könnte von ihm eine Signalwirkung für die Legitimation eines kodifizierten Handelsrechts ausgehen.

IV. Ausblick

Die Analyse hat ein facettenreiches, für unser Handelsgesetzbuch freilich nicht schmeichelhaftes Bild ergeben. Die Handelsrechtspraxis kann hierüber zur Tagesordnung übergehen. Der Gesetzgeber aber wird, wenn es die Alltagsgeschäfte erlauben, in fernerer Zukunft nicht um generelle Überlegungen zum Kodifikationsproblem herumkommen. Auch eine Zeit, die sich der „Krise der Kodifikationsidee" voll bewußt ist[188], und auch eine Materie, die sich kodifikatorisch nur schwierig erschließen läßt, zwingt nicht notwendig zum Verzicht auf den rechts-

---

[186] Dazu vgl. namentlich *Gramm*, Das neue Deutsche Seefrachtrecht nach den Haager Regeln, 1938, S. 72 ff.

[187] *Guetschow*, Die Reform und Vereinheitlichung des Seerechts durch Rückkehr zum allgemeinen Frachtrecht, 1911, S. 4.

[188] Eingehend *Fikentscher*, Methoden des Rechts in vergleichender Darstellung, Bd. IV, 1977, S. 132 ff.

praktischen Nutzen kodifizierten Rechts. Voraussetzung dafür ist aber
ein Mindestkonsens über die ordnende Leitidee. Wer den Bericht der
Unternehmensrechtskommission gelesen hat, wird der Frage, ob der
Beruf unserer Zeit zur Gesetzgebung hierfür die Voraussetzungen schaf-
fen kann, mit einer Mischung aus Zuversicht und Skepsis begegnen.

Einige Folgerungen aber scheinen doch jetzt bereits angezeigt. Zunächst gilt dies für die Existenzberechtigung eines Handelsgesetzbuchs,
die von den Kritikern meist nur am Beispiel der Handelsgeschäfte diskutiert wird. Eine Beseitigung des Handelsgesetzbuchs – etwa unter Verselbständigung des Rechts der Personengesellschaften in einem Sonderge-
setz – wird so lange nicht in Betracht zu ziehen sein, wie kein kodifiziertes
Unternehmensrecht in Angriff genommen wird. Wesentliche Teile des
Ersten Buches – z.B. das Register- und Firmenrecht – sind für die
Handelsrechtspraxis unentbehrlich und haben auf der Grundlage des
subjektiven Systems im Handelsgesetzbuch den richtigen Platz. Nur auf
das Dritte Buch paßt die vielfach erhobene Forderung, man solle die
handelsrechtlichen Sonderregeln in das Bürgerliche Gesetzbuch überfüh-
ren. Eine Gesetzgebungspraxis, die sich nicht vom Postulat einer theore-
tisch reinen Durchführung kodifikatorischer Modelle leiten läßt, wird die
Anlage des Handelsgesetzbuchs beibehalten können, solange sie auf ein
durchgehend kodifiziertes Unternehmensrecht verzichten muß. Statt aber
in Untätigkeit zu verharren, sollte der Gesetzgeber das Erste und Dritte
Buch einer Revision unterziehen, Überflüssiges streichen und diejenigen
Mängel beheben, die dem Gesetz seine praktische Brauchbarkeit nehmen.
Dieses Vorgehen muß zwar im Lichte der Kodifikationsidee als proviso-
risch bezeichnet werden. Es bewahrt aber ein baufälliges Gesetzesgebäude
vor endgültigem Verfall, ohne die Türen für größere und vollkomme-
nere Kodifikationsvorhaben zu verschließen. „Niemand", sagt *Franz
Wieacker*[189], „bricht selbst unwohnliche Häuser ab, ehe er ein neues Dach
über dem Kopf hat. Reißen also auch wir nicht unbedacht den kunstferti-
gen Bau der alten Kodifikationen ab. ... auch in den alten Zivil- und
Handelsgesetzbüchern steckt nicht nur das Wirtschaftsethos vergangener
Tage, sondern Gerechtigkeit und Verstand und Wissenschaft von Jahrtau-
senden." Das ist ein Gebot der rechtspolitischen Klugheit. Befolgen wir
es auch gegenüber dem Handelsgesetzbuch, so sehr an der Kunstfertigkeit
gerade dieses Kodifikationsgebäudes gezweifelt werden muß!

---

[189] *Wieacker*, Aufstieg (Fn. 22), S. 50.

www.ingramcontent.com/pod-product-compliance
Lightning Source LLC
Chambersburg PA
CBHW050647190326
41458CB00008B/2456